幼儿园区域活动 **68** 问

董旭花◎著

长江出版传媒　长江文艺出版社

图书在版编目（CIP）数据

幼儿园区域活动 68 问 / 董旭花著. -- 武汉 ：长江
文艺出版社，2020.4（2023.6 重印）
　　（大教育书系）
　　ISBN 978-7-5702-1362-7

Ⅰ. ①幼… Ⅱ. ①董… Ⅲ. ①活动课程－教学研究－
学前教育 Ⅳ. ①G613

中国版本图书馆 CIP 数据核字 (2019) 第 252738 号

责任编辑：马　蓓　　　　　　　　责任校对：毛季慧
封面设计：乐　翁　　　　　　　　责任印制：邱　莉　　王光兴

出版：长江出版传媒　长江文艺出版社
地址：武汉市雄楚大街 268 号　　　邮编：430070
发行：长江文艺出版社
http://www.cjlap.com
印刷：湖北恒泰印务有限公司

开本：720 毫米×970 毫米　　　1/16　印张：14.5　插页：1 页
版次：2020 年 4 月第 1 版　　　2023 年 6 月第 8 次印刷
字数：192 千字

定价：48.00 元

自 序

　　20世纪80年代中后期，"区域活动""区角活动""活动区教学"
（以下不作区分，统称"区域活动"）等有别于传统的直接教学、分科教
学模式的幼儿教育新思想、新方法开始在我国幼教界广泛传播 。现今区域
活动早已成为幼儿园一日生活中重要的活动形式，无论是幼教管理者还是
教师都非常注重区域活动的组织和实施，区域活动也成为很多地域评价幼
儿园保教质量的重要评价标准。

　　我非常幸运经历了区域活动在我国幼教实践中落地生根和发展的全过
程，从20世纪80年代中后期开始的区域活动理念的引入，到90年代区域
活动在较发达地区开始被接受，再到21世纪之后伴随《幼儿园教育指导纲
要》（以下简称《纲要》）颁布开始的新一轮课程改革的带动，区域活动
开始遍地开花；进入2010年之后幼教界对于自主游戏的关注，进一步促使
老师们开始思考区域活动中幼儿独立、自主学习和游戏的理念，并探索区
域活动中深度学习的可能性和策略。

作为一个高校教师，我还有一点很幸运的是时间支配上的自由，所以，会有大量的时间在实践一线，和老师们一起探讨幼教理念如何更好地落地，如何更好地服务于孩子们的发展和幼儿园的发展。

自新《纲要》颁布以来，我和幼儿园园长、教师结成密切的团队，开始了长达十几年的区域活动实践研究，2009年出版的《幼儿园游戏》一书专门有一章谈区域活动，2013年出版《小区域 大学问——幼儿园区域环境创设与活动指导》，2014年出版《幼儿园创造性游戏区域活动指导》和《幼儿园自主性学习区域活动指导》，2015年出版《幼儿园区域活动现场指导艺术》。也正因为我们团队对于区域活动持续的、较深入的系统研究，2014年获得教育部基础教育国家级教学成果二等奖（"幼儿园区域环境创设与活动指导的游戏策略研究"），感谢一直和我牵手合作的所有幼儿园，感谢所有园长和老师的信任与智慧付出。

2015年之后，我们的实践研究并没有停止，我们一方面关注区域活动在幼儿园课程的整体建构中的作用，关注教师的教育智慧的提升；另一方面更关注区域活动每一个环节的有效性研究。提高了每个环节的有效性，也就等于提高了区域活动的发展实效性。

这些年，我做了无数场区域活动的主题讲座，并在幼儿园和老师们一起进行了大量的关于区域活动的教研，也主持了很多场与区域活动有关的工作坊。在这个过程中，我和老师们一起面对和解决实践中的每个问题。这个过程也让我更多地关注到一线教师的需求和渴望。我们越来越相信每个幼儿园老师都在努力着，都期望把工作做好，他们其实不缺乏理念，但缺乏理念落地的实践策略。他们在每日的活动中面对太多压力、太多挑战，他们需要简单、明了、实实在在的专业指导。

也正因为此，在2017年初长江文艺出版社编辑马蓓老师与我联系，想请我写一本解答老师们区域活动疑惑的书的时候，我很高兴地答应了，并为此书准备了长达两年的时间后才开始动笔。在这两年的准备时间里，我走访了全国很多幼儿园，与无数的老师们座谈，也收集了老师们关于区域活动的问题上千个。大家看到的这本书中的68个问题就是从这些问题中精选而来的。感谢所有给我提出问题的幼儿园，因为太多了，这里不再一一列出，谢谢你们的信任和支持，这本书里也有你们的参与，你们的功劳。

这本书共分四章，第一章"重新认识区域活动"的所有问题都与观念和认识有关系，旨在帮助大家重新看待区域活动的本质特点、区域活动和游戏的关系、区域活动和课程的关系、区域活动的特殊价值等问题，大家阅读时千万别跳过这一章，因为若概念上、观念上不清晰，操作层面上一定会出问题。第二章"区域环境的创设与材料投放"，关注的是区域活动开展的物质条件，没有适宜的环境和玩具材料，区域活动无从谈起，优质的环境和材料已经是区域活动成功的一半了。第三章"区域活动的组织与指导"，关注的是区域活动开展过程中老师们遇到的问题，比如幼儿如何选区、幼儿偏区的问题、区域规则的问题、区域活动中教师分工的问题、教师在每个环节指导的策略和适宜性等问题。第四章"区域活动的观察与评价"，关注的是最近几年幼儿园普遍强调的教师对幼儿自主行为的观察、分析解读和回应，也关注如何评价班级的区域环境和区域中的教师和幼儿等问题。所有这68个问题基本涵盖了区域活动方方面面的问题，这些问题都不是我自己杜撰出来的，都是来自一线教师的真实需求。

考虑到老师们阅读的便捷，这本书采用问答的形式书写，一方面有利于教师很快找到自己需要解决的问题，另一面也让大家在阅读时感觉不到困难。

最后，再一次对所有为我提供问题和图片的幼儿园表达诚挚的感谢，也感谢与我一起合作进行区域活动研究的所有幼儿园园长和老师们。感谢长江文艺出版社给予的机会，感谢马蓓老师的热情、执着和专业上的支持。

　　书中表达的仅是我个人对于区域活动的粗浅认识，肯定有个人认识上的局限，若有表达不正确之处，恳请大家指正。感谢。

董旭花

2019年8月17日于泉城济南

目录
CONTENTS

第二章　区域环境的创设与材料投放

第三章 区域活动的组织与指导

第四章 区域活动的观察与评价

第一章

重新认识区域活动

　　我听过很多专家讲区域活动，也经常会听到"区域游戏"和"区域活动"等词，那是不是可以说区域活动等于游戏活动？

　　区域活动是指在幼儿园室内合理规划空间，将活动室划分成不同的学习和游戏空间，如益智区、美工区、建构游戏区、角色游戏区等，让幼儿在有准备的环境中进行自由选择，开展自由的操作、游戏和交往活动，以获得自主的学习和发展。

　　区域仅仅是一个空间上的词汇，至于在区域这个空间从事什么样的活动，是游戏，还是学习；是小组教学活动还是生活活动，受区域中投放的直观材料的影响，也受教师指导的方式影响。所以，区域活动并不等于游戏活动，区域中那些有明确教育目标的活动通常更多指向学习类活动，如用筷子、系带子、夹夹子、编辫子等，这类活动通常出现在生活操作区，主要目标指向幼儿生活技能学习和手眼协调、精细动作发展，这类活动材料是教师基于发展目标的需要投放的，所以，这类区域活动更多属于学习类活动，而非游戏活动。这类区域还有科学区、数学区、语言区、阅读区等。这类学习倾向更明显的区域通常我们称之为"自主性学习区域"。（见《幼儿园自主性学习区域活动指导》）

案例

　　有这样一个案例，说班上今天游戏的主题是在美工区做饼干，有几个女孩做完了给老师看，老师表扬了她们，然后她们高兴地说，我们玩好了老师的这个游戏，现在我们赶快去玩娃娃家吧！

　　老师的游戏和孩子的游戏好像不对等，或者老师期望的和孩子们感兴趣的不一致，怎么办？

　　现阶段幼教实践中有一种泛游戏化的倾向，很多老师会把所有区域活动都看成是游戏，上面这个案例描述的就是典型代表。美工区做饼干（猜想是用橡皮泥一类的材料）是一种有明确目标指向的操作活动，具有清晰的学习目标和操作要求、操作步骤，所以，属于典型的学习类活动，而非游戏。所以，它肯定不是孩子们期待的游戏，而娃娃家则是孩子们自由自在的游戏。如孩子们玩橡皮泥，想怎么玩就怎么玩，则属于游戏类的活动。

自主性学习区域里的学习活动和教学活动中的学习活动有区别吗？

自主性学习区域尽管主要目标指向幼儿的学习和发展，但这种学习是幼儿自由选择的结果，与教师设计和组织的教学活动还是有根本的区别的，主要区别如下：

(1) **性质不同**。教学活动是一种高结构活动，教师有预设的目标和教学进程，教学过程基本按照预设流程走；而区域活动则是幼儿自由选择的低结构活动。

(2) **功能不同**。教学活动可以更好地体现教师有目的、有计划的引领，有助于全班幼儿共同就某些经验获得较为一致的发展；而区域活动则可以更好地体现幼儿自主学习与自主发展，有助于幼儿富有个性的发展。

(3) **学习发起的主体不同**。教学活动是教师预设、教师发起的一种活动类型；而区域活动则是幼儿真正作为主体的一种活动，幼儿决定进入什么区域、从事什么活动，活动过程如何。幼儿在区域中的学习主要是由环境中的材料引发和支持的，而非教师的指令和任务。

(4) **教师指导的主要方式不同**。教学活动中教师的指导一般是直接指导，而区域活动则强调教师的间接指导，教师可以通过材料的调整、环境的暗示、伙伴的互助、游戏中的参与等方式进行间接指导。

与自主性学习区域相对应的还有哪些区域？

与自主性学习区域相对应的还有一类区域，教师在投放材料的时候，没有明确的外在教育目标和预设的玩法，材料会给予幼儿更开放、更自主、更富有创造性的活动机会，比如角色游戏、建构游戏、沙水游戏、表演游戏等，这类区域里的活动就会更倾向于游戏，会更自由一些，更开放一些，通常我们称之为创造性游戏区域（见《幼儿园创造性游戏区域活动指导》）。如果教师硬要幼儿在这些区域中学些什么，或者要求幼儿按照固定程序玩，游戏的趣味性就会大大降低，就会违背幼儿的意愿，就会成为幼儿玩"教师的游戏"，而非自己的游戏，这种游戏就不是幼儿自己的"真游戏"了。

图 1-1 蘑菇钉插小路（自主性学习区域活动）

图 1-2 积木建构游戏（创造性游戏）
山东省商务厅幼儿园

幼儿在创造性游戏区域的活动中可以学东西吗？

当然可以，但学习知识不是创造性游戏的核心目标。创造性游戏的核心目标是满足幼儿游戏的愿望，发展幼儿的自主性、创造性和社会情感、社会交往能力。这里不是要把学习与游戏对立起来，因为幼儿的游戏就是他学习的方式之一，游戏中一定有学习，但学习中不一定有游戏。把区域划分为"自主性学习区域"和"创造性游戏区域"两大类，只是一种相对的划分，"自主性学习区域活动"更强调通过操作材料进行有目的的自主学习，玩具和材料会蕴含操作目标和操作任务；而"创造性游戏区域活动"则更强调幼儿按照自己的意愿进行自主游戏，满足其游戏的愿望，玩具和材料结构性较低，没有明确的学习目标。

看到别的幼儿园的区域活动，我们也觉得挺好的，可是我们的老师还是会觉得很繁琐、很辛苦，没有上级的检查、评估，没有外人参观的时候，我们的区域活动还是会流于形式，请问该如何避免这种情况发生？

这个问题既涉及对区域活动的价值的认识，也涉及幼儿园内部的课程管理。

现阶段在幼儿园倡导区域活动，并不是因为时髦、追赶幼教潮流，也不是为了做给别人看，或者体现幼儿园的所谓特色。倡导区域活动是因为首先区域活动中强调的幼儿自由选择和自主活动符合现阶段幼教发展的几个基本理念：

(1) **"以幼儿为本"的教育理念**。在区域活动时，幼儿可以根据自己的兴趣和需要，进入自己喜欢的区域，和自己的小伙伴在一起、从事自己选择的活动。所以，区域活动这样的低结构课程模式可以满足幼儿个体的需要和兴趣，更好地促进幼儿富有个性地发展。如果在幼儿园存在过多的集体活动，就会抹杀幼儿的个性，让幼儿的生活倍受压抑。教育部早在 2001 年颁布的《纲要》中就强调"教师直接指导的活动和间接指导的活动相结合，保证幼儿每天有适当的自主选择和自由活动时间""尽量减少不必要的集体活动和过渡环节，减少和消除消极等待现象。"

(2) **"发展幼儿主体性"的教育理念**。伴随着时代的快速发展，这个时代对人的独立性、自主性、创造性的要求越来越高，越来越强调一个人终身学习和成长的能动性。在人生最初的几年里，培育一个独立的人、一个有自主学习意识和能力的人，尤为重要。在区域活动时，我们给予幼儿充分的自由选择和自主活动的权利，幼儿可以从容地做自己，在多样的选择、多样的活动中，感知自己的兴趣和能力。

(3) "操作中学习"的教育理念。受年龄段认知特点和发展规律的影响，3~6 岁的幼儿不可能单纯依靠听讲进行学习，所以，大量的上课，一味地讲授，并不符合幼儿的学习特点。区域活动突出的特点是环境中投放了大量的玩具和材料，幼儿通过操作材料、与伙伴互动，在感知、体验、操作、交往、表征等实践活动中进行学习，这种学习具有强烈的行动学习和主动学习的色彩，符合 6 岁以前幼儿的发展特点。

区域活动对幼儿的发展有哪些特别的价值？

倡导区域活动，符合现今倡导的教育理念，也符合《纲要》《3-6 岁儿童学习与发展指南》（以下简称《指南》）里提出的幼儿发展目标，有助于幼儿多方面的自主发展：

- 区域活动可以促进幼儿自我意识和良好个性的发展。
- 区域活动可以促进幼儿良好的情绪情感的发展。
- 区域活动可以促进幼儿语言和交往能力的发展。
- 区域活动可以促进幼儿自己发现问题和解决问题的能力的发展。
- 区域活动可以促进幼儿学习品质和意志品质的发展。
- 区域活动可以激发幼儿更积极的学习兴趣。

有人说，倡导区域活动是现阶段改变幼教小学化倾向的捷径，为什么？

关于幼儿教育小学化倾向的问题已经是一个老生常谈的"老大难"的问题，年年都在说，也好像始终都比较严重地存在着。从大处讲，改变幼教小学化问题是一个系统工程，涉及的问题不仅仅关乎幼儿园的教育理念和课程模式，更需要全社会的共同努力。从小处讲，若班级里创设了多样的区域环境，投放了丰富的区域活动材料，每日让幼儿有机会自由选择区域进行自主的游戏或学习活动，这看起来就已经不是小学的模样了……如此说来，这不就是改变现今幼教小学化倾向的捷径吗？

图 1-3 幼儿园活动区展示

如何从管理层面避免区域活动流于形式？

如果幼儿园没有上级的检查、评估，没有外人参观的时候，区域活动就流于形式，这里还涉及幼儿园内部的管理制度和课程管理常规。要改变这个问题，需要从以下几个方面着手：

(1) 管理者首先改变理念，和教学活动一样，同等看待区域活动的价值。 幼儿园开展的区域活动，不是为了让孩子们放松娱乐一下，不是为了热闹，也不是为了凸显特色，而是为了实现幼儿教育的发展目标，区域活动本身就是幼儿园课程，所以，需要像重视教学活动一样重视区域活动。

(2) 加强对区域活动的管理制度建设。 如果对教学活动要求教师写计划、备课、准备教具，那么同样地，在幼儿园业务管理制度中明确教师区域活动"备课"的制度以及具体要求，还有监督检查、评价的机制。

(3) 加强针对区域活动的教研制度建设。 区域活动过程中，教师们会遇到很多具体难题，这些难题有时候很难找到答案，如果不解决，就可能会导致区域活动不了了之，这就需要集体的智慧。所以定期举行教研活动，围绕教师们在区域活动中遇到的难题进行研讨和交流，形成学习、研究和发展的共同体非常重要。

3.实施区域活动是否也算是实现"以游戏为基本活动"的目标？

无论是《纲要》《规程》还是《指南》都强调幼儿园应该"以游戏为基本活动"，那是不是说只要每天有一次区域活动，就算是实现了"以游戏为基本活动"的目标了？

强调幼儿园应该以游戏为基本活动的思想，最初出现在我国教育部 1979 年颁布的《城市幼儿园工作条例（试行草案）》中，《条例》的第 18 条明确提出"游戏是幼儿的基本活动，是向幼儿进行初步的全面发展教育的重要手段"。1989年国家教委颁布的《幼儿园工作规程（草案）》则明确强调，幼儿园应"以游戏为基本活动，寓教育于各项活动之中"，这一句话在 1996 年、2016 年颁布的新的《规程》中没有任何改变。改革开放的 40 年，也是幼教改革轰轰烈烈的 40 年，幼教圈刮过的"热风"不胜枚举，但对于游戏的认识却始终没有改变，这说明我国幼教同仁早已深刻认识到如下观点：游戏符合儿童生理和心理发展的需要；游戏是儿童的权利；游戏对于儿童各方面的发展均有有益影响。所以，幼儿园以游戏为基本活动是天经地义的，我们评判一个幼儿园幼教质量如何，其中核心的评价内容就是游戏质量如何。

幼儿园要实现"以游戏为基本活动"的目标，需要三个基本保障：

(1) 保障幼儿游戏空间。室内外都应该根据幼儿游戏的需要创设适宜的游戏场地，提供适合幼儿的游戏空间。

(2) **保障游戏的器械、玩具、材料**。这是幼儿游戏内容、游戏质量的重要影响因素。

(3)**保障幼儿游戏时间**。每天户外活动至少 2 小时，可以有 1 小时左右的户外体育锻炼，1 小时左右的户外自主游戏。每天室内游戏可随时随地发生，尤其要保障每天至少 1 次的室内区域活动时间，每次不少于 40 分钟。

区域活动虽然不完全等同于游戏活动，但区域活动是幼儿自由选择的活动，只要区域设置时有较多的游戏性区域，区域中投放的材料丰富、好玩，教师不高控幼儿，就会引发幼儿很多有趣的游戏。

幼儿园是否实现了"以游戏为基本活动"的目标，除了上面所说的基本保障是否到位之外，还需要看幼儿园课程游戏化的建设与实施、幼儿园教师的专业素质、教师观察与指导幼儿游戏的水平、幼儿园游戏实施的制度管理等很多因素，区域活动只是其中与室内游戏有关的一部分。

华东师范大学的李季湄教授认为幼儿园是否做到了"以游戏为基本活动"至少应看三个方面：

- 全园是否建立共同的信念与尊重游戏的幼儿园文化。
- 是否充分满足了幼儿游戏的需要，特别是自由自发游戏的需要。
- 是否把游戏精神渗透到了幼儿园教育的所有环节中。

4.区域活动时，教师可以分配幼儿分组进入不同的区域吗？

在《小区域 大学问——幼儿园区域环境创设与活动指导》一书中作者明确提出区域活动就是"幼儿在教师准备的有准备的环境中进行的自由、自主、自选的活动"，其中，"有准备的环境"强调教师有目的的选择和投放材料、布置环境，这是区域活动开展的物质前提和保障。区域活动最为核心的本质特征就是"自由、自主、自选"，或者说是建立在幼儿自由选择的基础上的自主活动，这也是区域活动与其他类型活动的本质区别，是区域活动核心价值的立足点。

美国高瞻课程（High/Scope）在 20 世纪 60 年代就提出了儿童主动学习的理念。高瞻课程认为幼儿最好的学习状况是当他们与人、材料、事件和想法做直接互动的时候。通过投入和回想这些直接经验，幼儿开始建构知识并认识他们周围的世界。所以，高瞻课程强调教师应有意识地把幼儿要学习的关键经验物化为活动情境和活动材料，而幼儿则通过以"活动区"为中介的一系列活动，操作材料，获取经验，获得发展。这与我们现如今强调的区域活动要尊重幼儿的"自由、自主、自选"是一致的。

我国 2016 年新颁布的《幼儿园工作规程》第三十条也强调"幼儿园应当将环境作为重要的教育资源，合理利用室内外环境，创设开放的、多样的区域活动空间，提供适合幼儿年龄特点的丰富的玩具、操作材料和幼儿读物，支持幼儿自主选择和主动学习，激发幼儿学习的兴趣与探究的愿望。"如此说来，幼儿的"自主选择"和"主动学习"就是开展区域活动最核心的要素，而"自主选择"又是"主动学习"的前提，没有"自主选择"很难会出现幼儿的"主动学习"。

在班级区域活动时，幼儿自己选择区域、选择材料进行活动真的会很乱，请问教师可以直接让幼儿分组进入不同的区域进行活动吗？

受教育传统的影响，我们的教师一直习惯于开展集体活动，习惯于让幼儿在教师的指令下开展活动，一旦强调幼儿自主选择，就可能真的会出现很乱的局面，尤其是幼儿较多的班级，教师就很难把控局面，也很难进行有效的指导。所以，在有些班级，教师会直接让幼儿分组进入不同的区域进行活动，比如一组进入美工区活动、二组进入益智区、三组进入建构游戏区……这样的分配显然不合适，因为有太多教师强加的成分，不能体现区域活动发展幼儿主体意识的核心价值。如果教师始终不能放手让幼儿自己选择，幼儿就永远无法发展自己作为一个独立的人的能动性，无法成长为一个独立的人、一个具有独立的个人意志的人。所以，幼儿园教师一定要转变观念，要信任幼儿，更要相信基于区域活动的自由、自主和自选发展起来的幼儿的主体意识的重要性，不要怕一时的乱，只要天天让幼儿自主地进入区域开展自选的活动，幼儿就会发展出一种秩序，养成良好的习惯。

区域活动时开展小组教学，可以吗？

至于教师是否可以在区域活动时开展小组教学的问题，答案是肯定的，但是这种小组教学并非区域活动，只是在区域活动的时间段里，有些幼儿跟随教师进行小组教学活动，有些幼儿自由选择区域开展区域活动，这两种不同性质的活动可以在同一时间段进行，这种模式对于幼儿比较多的班级尤其适用。只要教师做出合理的计划和分工，小组教学的模式是值得鼓励的。

5.如何让自我中心的幼儿自由选择区域？

孩子们太自我中心了，我怎么能让他们自由、自选？

让这位老师焦虑的是"孩子们太自我中心了"，很理解老师们因为孩子们的自我中心所感受到的工作压力：第一因为孩子们的自我中心，所以教师发出的指令幼儿经常听不到，或者做不到，老师就会很累。第二，因为孩子们的自我中心，教师与幼儿沟通的语言技巧就要求特别高，这也让老师们倍感压力。第三，因为孩子们的自我中心，班级内的纷争不断，教师经常面对的不是孩子们告状就是家长告状，好头疼。第四，因为孩子们的自我中心，就可能会出现一些意想不到的安全问题，让教师要不断接受来自园长、家长的双重甚至多重压力……

可是，教育是引导和支持，不是管教和驯服。蒙台梭利曾经在《科学的幼儿教育方法》一书中说"激发生命——让生命自由地发展和展开，这是教育者的首要任务。"自我中心是幼儿阶段普遍存在的心理特点，教师应该首先理解和接纳幼儿，其次再根据幼儿的特点进行引导，而不是因为幼儿自我中心，就压制和束缚他们。幼儿的社会性发展就是一个长期的"去自我中心化"的过程，教师应该对幼儿的社会性发展有合理的期望值。

现阶段大多数幼儿园存在的主要问题就是教师没有把幼儿当成独立的人看待，对幼儿的控制和约束过多，幼儿缺少可以自由支配的时间和空间。蒙台梭利认为"如果一个人不能独立，那就谈不上自由。因此，必须引导儿童个人自由地尽早地和主动地表现，使他能通过这种活动达到独立。"（《科学的幼儿教育方法》）。现阶段幼儿园的区域活动应该说就是一种能给予幼儿独立和自由的活动类型，通过这样一种自由选择的自主活动，满足幼儿个体兴趣和生命成长的需要，实现让每个人更好地发展的目标。

幼儿自由选择、自主活动容易出现安全问题，教师如何承受这么大的压力？

当然，因为幼儿的自我中心、自我管理能力较差等原因，他们可能在选择区域、进入区域活动、收整玩具材料的过程中会发生一些问题，对于幼儿磕磕碰碰、彼此小摩擦等问题，教师应该给予幼儿足够的耐心和接纳的态度，这也是幼儿成长中必然会出现的问题。

现阶段幼儿园教师承受的安全压力确实是超负荷的，这种超大的压力带来了一系列问题，其中最大的问题就是教育活动中的"缩手缩脚"，教师不敢带幼儿开展任何开放一些的活动，唯恐幼儿出现安全的问题。这些压力导致的结果，必然就是对幼儿发展的束缚，最终受害的必然是幼儿。所以，希望幼儿园管理者和家长给予教师足够的认可和支持，毕竟幼儿园不是"安全保险柜"，我们任何人都不希望把孩子们每天关起来严格保护，这种保护才可能成为幼儿成长的极大障碍。

其实，只要班级三位教师做好分工，活动前、活动后教师与幼儿做好沟通，活动中教师做好观察和指导，区域活动并不是什么危险系数高的活动，老师们尽可以放心和放手让幼儿自由自主活动。

幼儿选择区域"一窝蜂"时，教师应该如何分配才合理？

"教师应该如何分配才合理？"——这个问题本身可能就是最大的问题，来源于教师对于幼儿发展特点缺少把握，对于区域活动的本质特征认识模糊。无论幼儿选择区域的时候是否"一窝蜂"，都不存在"教师分配区域"的问题，因为区域活动最核心的本质和价值就是幼儿的自由选择和自主活动，如果变成教师分配的活动，剥夺了幼儿选择的权利，那就不再是区域活动了，也就丧失了区域活动的吸引力，丧失了区域活动对于幼儿主体性发展的核心价值。

如果区域活动强调的是幼儿的自由选择，教师就不要期待每次区域活动时所有区域中的幼儿是均衡分布的，幼儿选择区域时容易出现"一窝蜂"的现象，是因为幼儿善于模仿，喜欢和别的小朋友玩一样的东西，很正常。选择区域时的"一窝蜂"现象，也可能是有的区域真的很好玩，而有的区域真的不好玩。

有些区域在某一天没有一个幼儿选择也属于正常，如果长时间没有幼儿选择，教师就需要反思其适宜性和趣味性等问题，对此区域的材料进行调整，或者组织幼儿进行讨论，了解幼儿不选择的原因和调整的策略。通常幼儿不选择某些区域的原因，除了兴趣之外，可能还有能力的原因。几乎所有的幼儿都喜欢自己能胜任、能感觉到成就感、满足感的活动，但长时间缺乏挑战、单一重复也会让幼儿感觉厌烦，所以，区域中的材料具有变化性、活动内容具有一定的挑战性也很重要。

6. "蒙氏工作"算区域游戏吗？

我们是蒙台梭利幼儿园，每天幼儿都有不少于2个小时的时间进

行蒙氏教具的操作，请问这样的"工作"算区域游戏吗？

蒙氏教室内的教具操作通常被称为"工作"，蒙台梭利把儿童的日常玩耍和普遍使用玩具的活动称之为"游戏"，在此最显著的区别应该是：工作具有明确的目的性、意义性和重复性；而游戏具有随意性、变化性和不确定性。工作通常运用专门设计的教具进行，而游戏可玩身边任何物品。

蒙台梭利特别强调工作的意义，她认为儿童身心的发展必须通过"工作"而非"游戏"来完成。儿童借由反复操作教具进行工作，进行自我教育、自我创造和发展。蒙台梭利在《童年的秘密》一书中说"儿童觉得需要重复这个练习，不是为了完善他的操作，而是为了建构他的内在生命，重复练习的次数随花费的时间而定。精神胚胎所固有的隐藏法则正是儿童的秘密之一。"[①] "在儿童给我们带来的那些惊人发现中，通过工作来实现正常化的现象是最重要的展现之一。……儿童的工作愿望体现了一种重要的本能，因为没有工作他就不可能形成他自己的个性，就会违背他自己的正常发展路线。正是通过工作，人塑造了他自己"。[②]

蒙台梭利所强调的"工作"就是我们今天强调的有目的的学习活动，这样的学习活动通过幼儿的自主选择和主动操作来实现，以专门设计的蒙氏操作材料为桥梁。这样的学习活动尽管具有自由选择和自主操作的特点，但并不是游戏活动。

这么说，蒙台梭利的教育理念落后了？

蒙台梭利教学法强调儿童主动探索，她尤其反对让儿童安静、顺从、被动听老师上课，她希望教师不要老去想"教"儿童，应该做个"旁观者"来观察儿童的行为，追随儿童的发展需要，设计启发性的教学情境，投放适宜的教具材料，让儿童借由具体操作、重复练习来学习，而不只是听讲，这本身就是一场伟大的教育革命。

---

① ②单中惠.蒙台梭利幼儿教育经典名著导读[M].济南：山东教育出版社，2018：202.

蒙台梭利是现今区域活动教育实践模式的第一倡导人。在蒙台梭利创办的"儿童之家"里，摆着与儿童身高相适宜的小型家具，还有开放的小柜子，存放着各种教具和工作材料，每日儿童最重要的活动内容就是自由选择和取放工作材料，自主操作，教师通过个别示范和陪伴来指导儿童发展，这就是最初区域活动的雏形。蒙氏教室一般都会创设实际生活、感官训练、数学教育、科学教育、文化教育、艺术教育等多个区域，每个区域投放相关操作练习材料，供幼儿开展自主选择的工作。

我们应该看到蒙台梭利强调儿童主动探索，强调环境中启发性的教学情境和教具，让儿童借由具体操作来学习，不只是听讲，这是非常有意义的。但是现如今的教育同样强调游戏的模糊性、创造性、变化性和自主性，强调游戏带给幼儿发展的巨大意义。所以，现阶段的蒙氏教育的幼儿园，需要在原来蒙氏工作的基础上不断进行因地制宜的革新，关注游戏的价值，让幼儿在自主的游戏和自主的工作中都得到发展。

7.蒙氏幼儿园的区域活动如何"与时俱进"？

作为蒙氏幼儿园，请问该如何让蒙氏班的区域活动更贴近现阶段幼儿教育发展的需要、"与时俱进"做出改善？

蒙氏班的区域活动如果仅有蒙氏教具的操作活动确实不够，很难满足幼儿活泼、好动的天性的需要，也很难满足当前时代对人的创造性发展的要求，所以，蒙氏班在开展区域活动时可以考虑从以下两个方面进行补充和完善。

(1) **增设创造性游戏类的区域**。如角色游戏区、建构游戏区、表演游戏区等，首先可以满足幼儿活泼好动、爱游戏的愿望；其次可以给予幼儿更多的创造的空间和机会；第三，还可以让幼儿的个性得到更好的张扬；第四，让幼儿有更多的与同伴交往的机会。

如果创造性游戏区域中的热闹活动容易与相对安静的蒙氏教具操作活动要求冲突，也可以考虑把安静的蒙氏教具操作与活泼的游戏活动安排在两个不同的时间段，或者分割在活动室、寝室、功能室等不同的空间，避免相互干扰。

蒙氏幼儿园应考虑在户外活动时适当增加自主游戏时间，以满足幼儿的需要，平衡幼儿室内长时间的安静操作的自我约束。当然，户外自主游戏的开展需要创设丰富多样的户外游戏空间，投放更多低结构、富有创造性的玩具材料，更需要教师具备放手让幼儿玩的理念。

(2) 增设或拓展美工区，开展丰富的美术创意活动。现如今，美工区几乎成为所有幼儿园、所有班级的首选区域，一方面是因为大家都认识到美工区的活动符合 3~6 岁幼儿发展特点，吻合这个时代对于人的创造性的要求；另一方面也因为美工区的活动比较容易开展，给幼儿一张纸、一支笔，他们就会安静专注地画很久。

因为蒙氏教具的操作特别强调规范、有序，往往很难满足幼儿创造性发展的需要，所以，蒙氏班的美工区建设时应该尽可能投放更富有创意的美工材料，引发幼儿开展更开放、更富有创意的各种美术活动，如各种各样的涂鸦活动、人体彩绘、绘本美术等。

图 1-5 幼儿彩色泡泡借形想象画——山东省潍坊市奎文区直机关幼儿园

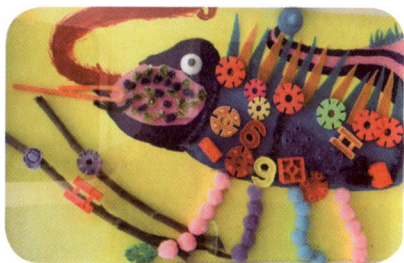
图 1-6 幼儿运用生活中的物品进行的造型画——山东省潍坊市奎文区直机关幼儿园

图 1-4 幼儿运用摔色和滴色等方法进行的美术创作——山东省潍坊市奎文区育华幼儿园

图1-7 幼儿父亲节给父亲的画像——山东省潍坊市奎文区直机关幼儿园

图1-8 1-9 幼儿运用太空泥和丙烯颜料制作的青铜画——山东省潍坊市奎文区直机关幼儿园

图1-10 幼儿根据绘本故事《漏》进行的创作

8.每次蒙氏工作时间多长比较合适？

幼儿是活泼好动的，而蒙氏班级区域工作时特别强调安静和秩序，有些幼儿园每次蒙氏工作时间又比较长，请问这样安排合理吗？

尽管蒙台梭利非常强调幼儿的自由，她认为"自然给予生命就是给予自由和独立……在给予儿童自由和独立时，我们就解放了一个受到内在能量驱动而去活动的工作者，他不活动就不能生活，因为活动是一切生物存在的形式。"[①]但是蒙台梭利还强调自由不是幼儿想做什么就做什么，否则，儿童的"性格偏离"将会无约束地扩展，导致幼儿的"心理畸变"。所以，蒙氏强调把幼儿的兴趣引向有目的工作之中，通过成人的示范和引领，让幼儿有条不紊地开展外部学习活动，因为这会把幼儿慢慢引向"内在自律"，这就是真正的纪律。

如此说来，蒙氏工作中的幼儿活动强调安静和秩序，不是为了控制幼儿，减少活动室内的噪音，也不仅仅是为了幼儿学习活动的开展，更重要的是让幼儿通过外化的行动增加内在的自律。我们也确实在很多蒙氏幼儿园里看到幼儿比较强的自我管理能力和自律的行为表现。

从另一个方面来讲，如果我们承认幼儿活泼好动、爱游戏的天性，好的幼儿园就必须顺应幼儿的天性，满足幼儿奔跑、呼喊、游戏的本能需要，否则就可能会让幼儿旺盛的生命能量受到抑制。安静、有序、有目的的工作确实可以满足幼儿一部分的成长的需要，但仅仅如此是不够的，所以，蒙氏幼儿园还需要给予幼儿充足的机会自由自主游戏。另外，每一次的蒙氏工作时间不可过长，我曾经去过一个蒙氏幼儿园，每次安静的蒙氏工作时间长达 2 小时，这可能就不合适，一般 20～40 分钟就可以，动静合理的搭配会更适合 6 岁以下的幼儿身心发展的特点。

[①]单中惠.蒙台梭利幼儿教育经典名著导读[M].济南：山东教育出版社，2018：199.

一提到区域活动，老师们的感受就是两个字："盲""忙"，盲：很盲目，两眼一抹黑，不知道从何下手；忙：搜集制作材料，组织孩子进区，整天忙得团团转。请问教师该如何做才能从这种"盲"和"忙"中逃离出来？

这位老师很准确地用两个字概括出了刚开始进行区域活动的老师们的感受，确实是"盲"和"忙"。因为我们已经习惯了集体活动中幼儿按照教师的指令开展活动，那样的活动状态，我们老师会觉得轻松和有序。要打破这种我们自认为"有序"的舒适状态，教师必然会感觉到幼儿"乱"，自己"盲"和"忙"。

要解决教师"盲"的问题，那就是要解决教师观念和认识的问题。通过培训、学习、讨论、教研等多种路径，帮助教师改变观念，理清认识，这是幼儿园管理者首先要做的事情。接下来第二步就是建设班级区域环境，投放适宜的、较为丰富的材料。在这个阶段教师一定会感觉到"忙"，因为没有前期的积累，从头开始建设班级区域环境，投放区域材料时教师不可能不忙，但这又是区域活动开展的物质基础。如果教师刚开始不知道该如何建设时，可以通过参观别的幼儿园积累一些感性认识，通过一些书籍或文章学习一些经验，先把比较简单的阅读区、美工区、娃娃家、建构游戏区等建设起来，让孩子们先开始进区开展活动，在活动的过程中再追随幼儿的兴趣和需要慢慢扩展区域、丰富材料……

区域环境建设和材料投放是一个长期的、永不停止的过程，因为幼儿是发展的、变化的，所以，区域材料就不可能一劳永逸。

教师在区域活动中的"忙"也是一个观念转变的问题，如果我们认可区域活动就是幼儿园课程的重要组成部分，那么教师为区域活动所进行的"备课"就是必须的，而且会永远进行下去。因为区域活动强调教师的间接指导，而间接指导的主要载体就是区域中的材料，所以，教师"备课"的主要部分就是思考区域材料的适宜性、丰富性、层次性和教育性等问题，为幼儿每天的区域活动准备材料或者调整材料，就是教师每日的"必修工作"。

其实，"忙"只是一个相对感觉，只要我们已经形成了每日区域活动的教育教学模式，持续一段时间之后，教师就会感觉到幼儿的发展，这些幼儿在区域活动中的自主发展会让教师看到自己工作的价值，必然会抵消一部分教师由忙碌而产生的倦怠感。而且一旦关于区域的基础材料已经投放，幼儿进行区域活动的常规也建立起来了，老师就会感觉到更多的轻松和美好。

10.所有区域都要围绕主题投放材料、开展活动吗？

我们园长要求区域活动必须与课程中的主题建立联系，需要吗？

我在 2009 年出版的《幼儿园游戏》（第一版）一书中，就将区域的类型划分为三类：一是常规区域，即像美工区、阅读区、益智区这样在任何一个幼儿园和班级都可能会见到的区域。二是主题区域，即为实现主题目标而投放材料开展活动的区域，它会伴随主题变化而发生相应的变化。三是特色区域，即能体现地域、园本，或班本特色的区域。

现阶段国内大多数幼儿园的课程皆为主题课程，即以主题为线索，贯穿五大领域教学活动，以及区域活动、生活活动、游戏活动、家园联系和环境创设，构成综合、共融的一种课程系统。主题课程既具有整合色彩，把幼儿一日生活作为完整的课程看待，并关注五大领域的统合；又突出主题线索和主题元素，比如"各种各样的房子""温暖的春天""多彩的秋天""伞的世界"……主题可大可小，延续时间可长可短。

幼儿园管理者要求教师在创设区域、投放材料时考虑与主题的连接没有问题，因为如果区域活动本身就是课程的组成部分，教师也应该具有大课程观，能够通过各种活动的开展让幼儿获得 1+1>2 的综合发展。所以，在区域环境创设和材料提供时考虑主题目标的需要是应该的。

那是不是每个班级都需要设置主题区域？所有区域都要围绕主题投放材料、开展活动？

并不是每个班级都必须设立主题区域，也不是所有区域都要围绕主题需要投放材料、开展活动。

主题区域，是为实现主题目标而投放材料开展活动的区域，它会伴随主题开始而开始，伴随主题变化而发生相应的变化。比如，"家乡美"主题活动开始时，班级可以创设一个"小小旅行社"，布置家乡物产、风景画等，供幼儿之间观看、讲解、交流。"家乡美"主题结束之后，"小小旅行社"的区域也会随之慢慢消失。

主题区域在幼儿园只是很少一部分，班级里不设主题区域也可以。现阶段幼儿园里更多的是主题性区域活动。所谓的主题性区域活动是指在常规区域中开展的、吻合主题目标的活动。

案例

大班"多彩的秋天"主题中的主题性区域活动：

美工区：叶子拓印、叶子粘贴画、制作叶子标本、绘画：秋天的树林

科学区：天气观察记录、喂养小虫子

表演区：树叶装扮、丰收舞

角色区：农产品展览会

上面这些主题性区域活动，就是教师根据主题目标的需要，在各种类型的常规区域中投放材料，支持幼儿开展与主题相关的区域活动。

大班"豆子"主题时的主题性区域活动

我有一次走进一个大班，发现积木搭建区有很多报纸团，问老师，老师说是"豆子"，为什么要投放这样的"豆子"在积木区？老师回答：幼儿园要求每个区域必须体现主题特色，那么，实施"豆子"主题时，建构区就应该让幼儿为"豆子"搭一个家。

第一次听这个故事的老师都会觉得无厘头，可是，这就是实践中老师真实存在的困惑。如何让每个区域的材料和活动内容与主题建立联系？

通过上面的案例我们发现，如果要求教师所有区域都紧跟主题就会很牵强，通常自主学习性区域是教师根据发展目标和幼儿兴趣经验投放玩具和材料，所以，与主题发展目标建立联系、选择和投放材料会比较容易。但是，创造性游戏区域通常强调幼儿自主的创造性游戏活动，所以，投放的材料通常比较简单、开放、低结构，有时候很难与主题建立直接的联系。比如，娃娃家之类的角色游戏区，无论是哪一个主题，娃娃家的游戏区域都是幼儿自由自主的游戏活动，很难跟随主题不断调整材料，至于幼儿在娃娃家里玩的内容是否与主题建立联系，教师也不应该控制。而积木搭建区，幼儿通常最喜欢就是搭建各种建筑物，至于是搭建具体什么建筑物，通常教师也应该尊重幼儿的选择，所以，也不应该要求幼儿必须搭建与主题相关的内容。

我们必须认识到主题目标的实现确实有赖于教学活动、区域活动、游戏活动、生活活动等实现，但不等于区域活动只能附属于主题，只是主题教学的延伸活动。教师不能把区域活动狭隘地理解成主题活动的附属品，区域活动是幼儿园课程的一部分，但不仅仅是主题课程的一部分。区域活动最核心的价值是人的主体性发展，而不仅仅是主题经验的获得。区域活动与主题教学活动相辅相成，经验会自然迁移，教师切勿强求幼儿紧扣主题进行区域活动，区域活动的自由选择、自主活动的属性不能改变。

教师如何让幼儿选择与主题相关的区域活动，又不被说成是"控制"幼儿呢？

如果教师期待幼儿在区域活动时从事与主题相关的活动内容，不能强求，但可以采用一些策略进行引导，如：环境暗示的方法；材料加加减减的方法；活动前教师邀约的方法等。

案例

环境暗示的方法

在《美丽的秋天》的主题活动中，教师期待幼儿在美工区把刚刚观察过的菊花画出来，就在靠近美工区的墙面上张贴了各种美丽的菊花的图片，还在美工桌上摆放了一盆盛开的菊花，但教师并没有要求幼儿必须画菊花。

材料加加减减的方法

一个学期中每个区域的材料并不是恒定不变的，教师应该注意不断补充和更新，为了引导幼儿有目的地从事与《各种各样的车》主题目标相关的区域活动，教师可以把与主题无关的材料撤掉一部分，再多增加一些与车相关联的活动材料，以更好地引发幼儿的主题性区域活动。

活动前教师邀约的方法

参观完小学之后，教师期待幼儿在建构游戏区域用积木进行小学的搭建活动，但老师知道不能强求幼儿，所以，在区域活动计划阶段，教师可以向幼儿发出这样的邀约："我们昨天参观了小学，今天进入建构游戏区域玩的小朋友，想不想搭建一所美丽的小学？区域活动结束时，老师很想带小朋友来参观一下你们搭建的小学哦。"教师的邀约发出去之后仍然不能强求，是否搭建小学是幼儿的选择。

主题换了，所有的区域材料都随之改变？

这是不可能的，也是对教师精力和幼儿园财力的极大浪费。区域环境是一个长期积累、不断建设的过程，教师会根据幼儿发展的需要和课程目标不断做一些微调，而不是一个主题结束后，全部推翻再重新建设。

11.可以把区域活动当成主题教学活动的延伸活动吗？

在我工作中经常发现老师把主题教学活动中没有解决的问题或幼儿不清晰的问题放到区域活动中去，我的问题是区域活动是否要具备很强的目的性？我们应该把区域活动看成是主题课堂的延伸还是幼儿自主自发的活动？

教师把主题教学活动中没有解决的问题或幼儿不清晰的问题放到区域活动中去应该没有问题，因为无论是主题教学，还是区域活动，都是幼儿园课程的组成部分。主题教学之后的延伸活动可以延伸到生活活动中、户外活动中、区域活动中、家庭生活中……这种延伸既可以是一种有目的的设计，比如《各种各样的车》主题教学之后，让幼儿回家路上和爸爸妈妈一起观察马路上的车，并做记录。这种延伸就是教师有目的的一种设计，也是家园共育的一种表现；这种延伸也可以是幼儿的一种自觉的行为，因为主题教学中涉及各种各样的车，唤醒了很多幼儿对车的观察兴趣，从幼儿园回家的路上，孩子们就可能会不自觉地观察各种车，回家后还想要画下来。当然，主题教学活动之后，教师有目的地设计与主题相关联的区域活动，引导幼儿继续探究主题是很好的，但这种区域活动的设计主要不是通过教学步骤的设计，而是通过环境与材料的设计引导幼儿，教师仍然不能强求。如果教师在区域活动中控制了活动内容，设计了活动步骤和玩法，那就更像是小组教学，而非区域活动。

区域活动应该更多地体现幼儿的自由自主，还是教师有目的的设计？

区域活动当然是幼儿自由、自主、自发的活动，如果仅仅把区域活动看成是主题课堂的延伸，可能就窄化了区域活动的含义。区域活动确实有助于主题教学目标的实现，但不仅仅如此，区域活动最核心的发展价值是人的主体性，幼儿选择自己喜欢的区域、选择自己喜欢的活动内容非常重要。所以，区域活动可以作为主题课堂的延伸活动之一，但又不仅仅是主题课堂的延伸活动。

区域活动也不完全是幼儿自主自发的活动，因为虽然区域活动时幼儿可以自由选择，但区域环境是教师有目标的创设的结果，教师会根据幼儿的兴趣和教育目标的需要，不断调整材料，让幼儿通过对材料的操作和感知来实现教育目标。一般来讲，自主性学习区域的目标性会更突出，创造性游戏区域的活动目标会隐蔽、灵活一些，更强调幼儿自己的兴趣和创造性表现。

案例

生活操作区活动：开锁①

活动目标

了解钥匙的齿轮与锁口形状的关系，将钥匙和锁配对，并能用钥匙开锁。

活动准备

不同的钥匙和锁各 5 套，橡皮泥。

操作要点

1. 选择一把钥匙，依次试开每一把锁，发现一把钥匙只能打开一把锁。

2. 选择一把锁，依次试用每一把钥匙，发现只有一把钥匙能够把锁打开。

---

①董旭花等.幼儿园自主性学习区域活动指导[M].北京：中国轻工业出版社，2014：43-44.

3. 尝试将所有的钥匙和锁依次配对。

4. 自由操作配对的钥匙和锁，看是否能够运用正确的方法把每把锁打开。

5. 将钥匙印入橡皮泥中，观察、比较每把钥匙印的形状，发现它们的不同。

观察要点

观察幼儿能否发现钥匙齿轮形状的不同，从而为不同的锁找到钥匙。

指导建议

1. 提醒幼儿在用钥匙开锁时，要将钥匙插到底再旋转，插不进去的要换一把锁再试。

2. 教师应重点指导幼儿观察、比较钥匙齿轮形状的不同，感受一把钥匙开一把锁的现象。

3. 提醒幼儿观察钥匙与锁扣的形状，找出规律，进行配对。

（山东省淄博市市直机关第二幼儿园　王艳）

12.混龄区域活动应如何开展？

幼儿园有必要开展混龄区域活动吗？

幼儿园在任何时间段都可以开展一些混龄活动，比如户外活动、生活活动、节日庆祝活动、外出参观活动……混龄区域活动当然也没有任何问题。只是，我们需要弄清楚的是：为什么要混龄开展活动？

现阶段有些幼儿园仅仅是为了弄点特色，别人都搞区域活动，我来搞混龄区域活动，这样显得比别人有创意——这可能是我们反对的。混龄活动不是我们任何幼儿园的创意，早在 20 世纪初，蒙台梭利在罗马创办的"儿童之家"就是混龄编班，更早之前，我们的私塾很多都是混龄编班。私塾的混龄大多因为先生少、学生少的缘故；而蒙台梭利"儿童之家"的混龄编班则蕴含蒙氏很多的教育理念在其中。混龄教育最突出的优势就在于冲破了年龄界限，扩大了幼儿的接触面，使幼儿有更多的机会和不同年龄幼儿相互交往，在这一过程中学习与人交往的正确态度和技能。混龄教育可以使不同年龄幼儿在交互活动的过程中相互作用，逐步建立起一种与其他幼儿直接交往的兄弟姐妹般关系。这对幼儿的社会化、良好的个性与品德的形成、合作意识的培养及交往能力的发展等都产生重要影响。

如果幼儿园不是混龄编班，就可以选择某些时间段，或者某些活动契机，开展混龄活动，让全园不同年龄的幼儿有机会在一起游戏、学习和交往。区域活动属于低结构活动的类型，幼儿可以相对自由做出选择，所以，比较适合开展混龄活动。

开展混龄区域活动应该注意什么？混龄区域活动的材料该如何投放？

由于现阶段关于混龄区域活动缺乏系统的研究，也由于有些幼儿园只是盲目跟风，导致目前很多幼儿园的混龄区域活动存在问题，比如，区域活动材料投放不合理，不能满足各个年龄段幼儿发展的需要；幼儿在活动过程中还是会自动选择本班幼儿聚集活动，活动形式单一，幼儿专注力比较差；教师缺乏混龄区域活动的管理技巧和指导策略，对幼儿基本上只有安全和纪律方面的管理等。所以，要提高混龄区域活动的发展实效，应该注意以下几方面问题：

(1) 创设科学的区域互动环境，投放有效的区域活动材料，因地制宜开展形式多样的混龄区域活动。最好利用公共空间（比如功能室、大厅、走廊、户外等）创设混龄区域活动环境。有些幼儿园把每个班级都创设成一个大的功能区，比如大一班美术创意室、大二班巧巧编织屋、大三班科学小天地、中一班积木大世界、中二班表演小舞台……每次混龄区域活动时幼儿自己选择。而每个班级的教师则负责把自己的那个班级打造成适合三个年龄段的全体幼儿的活动区域。这样的区域设置可能会存在很多问题，其中比较突出的问题就是：

如果幼儿所在的班级仅仅是"积木大世界"，只有积木类玩具，其余材料一概没有，那么一日活动中的教育如何开展？所以，我个人倾向于利用公共空间（比如功能室、大厅、走廊、户外等）创设混龄区域活动，各自的班级还是分班的区域活动。因此班级内的区域环境创设教师只需要考虑本班幼儿兴趣和发展需要，但是公共空间的区域环境和材料投放时，就必须考虑全园所有年龄段幼儿的兴趣、能力、经验和发展需要。

(2) 利用图片、符号等标识强化环境的提示功能，营造无声的引导语言环境。由于各个年龄段幼儿在不同的区域活动，教师很难跟进所有的幼儿，所以，在环境中提供部分活动路线导引图、注意事项标识、操作步骤示范图示等无声的环境语言，并在活动之前引导幼儿认识和理解这些图片和符号的含义，掌握基本的活动步骤和要求，有助于混龄区域活动的顺利开展。

(3) 把握好活动的频率，循序渐进推进混龄区域活动。混龄区域活动是每天还是每周进行一次？如果幼儿园的规模很小，班级人数也少，每天一次甚至多次混龄活动都没问题。但如果班级人数较多，幼儿园规模比较大，开展全园的混龄区域活动就可能会牵扯很多的人力、物力和教师的精力，所以并不适合天天混龄活动，一般每周一次，每次一小时左右即可。

另外，开展全园的混龄区域活动，也不是一开学就立刻开始的，应该采用小步走的策略，慢慢放开。比如，刚开始几周主要就是在各自的班级开展区域活动，熟悉本班所有区域的活动常规，掌握全班所有区域活动材料的操作要领。之后再扩展到公共区域，从临近的两三个班一起玩开始，慢慢拓展到全园不同年龄段幼儿一起玩。

(4) 建立完善的混龄区域活动制度，明确教师定位管理的具体职责，提高教师观察和指导的水平。混龄区域活动对于教师的专业要求比较高，所以，幼儿园第一需要加强培训，提高教师的专业指导水平；第二，需要建立完善的混龄区域活动管理制度，明确教师定位管理的具体职责；第三，通过混龄区域活动之后的教研活动，不断进行集体反思，共同研讨解决活动中出现的问题，不断丰富教师观察和指导的策略，提高教师引导幼儿发展的水平。

(5)做好混龄区域活动后的反馈工作。区域活动结束后，各定点指导的教师应将观察记录材料（如幼儿活动情况、需交代的事项及相关照片、视频等）上传到幼儿园工作群，各班教师再根据情况与班级幼儿进行讨论交流。这样做有助于班级幼儿活动经验的拓展与共享，有助于幼儿在交流和操作之后获得语言、社会能力、思维等方面的发展。

(6) 常态化推进混龄区域活动，不盲目跟风，不盲目搞"运动"和"表演"。
混龄区域活动不是必须的，但若有，对幼儿的发展还是很有价值的。幼儿园管理者和教师需要共同思考的是如何使其常态化，并在常态化推进的过程中，如何更高效地推动幼儿发展。

13. 区域活动是"个别化学习活动"还是"自主游戏活动"？

上海的个别化学习活动、安吉的自主游戏与我们的自主性学习区域活动、创造性游戏区域活动是不是一个含义？

我们很多老师经常会去上海幼儿园参观，或者听上海的专家、园长讲他们的个别化学习区角如何设计、个别化学习活动如何开展，其实，个别化学习区角就是教师有目的地创设区域活动环境，投放多元的活动材料，让幼儿按照自己的意愿和能力，以操作摆弄为主的方式进行的个别化学习活动。

个别化学习活动是相对于集体教学活动而言的，是教师根据每个幼儿现有的发展水平，寻找最近发展区，创造相应条件使每一位幼儿获得主动发展的一种教育活动形式。在集体教学活动中教师很难关照幼儿个体的发展需要，而个别化学习活动则能较好地为幼儿量身定制适宜性发展的活动内容，提供不同层次的操作材料，让幼儿通过自主选择、自主操作与材料发生互动，建构自我的认知经验，有利于实现幼儿富有个性的和谐发展。所以，近年来，个别化学习活动被广泛地运用到幼儿园教育当中，而不仅仅是上海地区。

个别化学习活动等于区域活动？

从理论上讲，个别化学习活动可以发生在任何一个地方和任何一种活动之中。但上海老师通常所说的个别化学习活动是个别化区角学习活动的简称。如此来说，个别化学习区角与我们前面说的自主性学习区域没有本质区别，都强调教师有目的投放多元材料、支持幼儿的自由选择和自主操作活动。我个人认为，"自主性"更能体现区域活动的本质特征，"个别化"是其必然的外在形式。区域活动本该是尊重儿童差异化基础上的个别化教育，"因材施教""量体裁衣"是区域活动相对于传统班级授课制的革新之处。[①]

安吉的自主游戏就是创造性游戏区域的活动吗？

"自主游戏"是安吉教育的品牌，安吉的自主游戏确实也给予全国各地的幼儿教育发展和改革很好的引领，但"自主游戏"并不是新名词，因为游戏原本的特征就是幼儿的自由自主性。"自主游戏"强调的是游戏活动，自主游戏中的玩具材料和活动空间相对更开放、更低结构，所以幼儿的游戏就会相对更活泼、自由、开放，富有变化和创造性。而"个别化学习活动"强调的是"学习活动"，只不过这种学习更尊重幼儿的自由选择和自主操作，教师的指导更多体现为隐性指导，教师会通过个别化学习区角中材料的设计，尽可能投放富有趣味性、变化性、创造性、主题系统性的材料，引导幼儿自主地开展学习活动。

安吉的自主游戏既强调幼儿的自主权利，也强调游戏的开放性、变化性和创造性，所以去安吉的幼儿园参观，可以看到幼儿在室内外非常多的创造性游戏，而不仅仅是室内区域中的游戏。安吉会尽可能打通室内外之间的连接，室内外的游戏活动没有本质的区别，他们强调"室内是缩小的户外，户外是放大的室内"。

在一日活动的安排上，是否需要将学习性区域活动和游戏性区

---

① 霍力岩 齐晓恬.区域活动的本质特征[J].幼儿教育，2009，(1-2)：24.

域活动分开两个时段玩？

是否需要将学习性区域活动和游戏性区域活动分开两个时段玩，没有标准答案，视幼儿园具体情况而定。如果班级幼儿比较少、幼儿常规很好、班级空间也比较大，其实不需要分开，幼儿在区域的活动也会很好。如果在区域活动时幼儿出现以下几种情况，教师就需要考虑把两种类型的区域活动分开时间段进行：

● 班级空间不足，很难保障 3 个以上的游戏性区域和 3 个以上的学习性区域同时并存。

● 选择区域时，学习性区域容易成为"冷门区"，幼儿一股脑挤到游戏性区域中。

● 在区域活动时，游戏性区域的热闹已经形成对学习性区域活动的干扰，导致幼儿不专注、不投入，注意力分散。

如果把学习性区域活动和游戏性区域活动分开两个时段开展，在实践中应注意什么？

如果把学习性区域活动和游戏性区域活动分开两个时段开展，教师还需要做好以下几方面工作：

(1) 时间的合理规划使用。每天上午若是有 1 小时左右的学习性区域活动时间，下午就需要安排 1 小时左右的游戏性区域活动时间。有些幼儿园室内空间有限，很难满足幼儿活泼的游戏活动的需要，所以就尽可能把游戏活动放在户外，室内主要打造学习性区域活动的空间，户外主要打造各种类型的创造性游戏活动空间，这样的设计也可以，但必须要考虑到不良天气时如何保障幼儿的游戏时间。

(2) 区域空间上的合理转化和活动材料的相互支持。同一个场地，差不多同样的布置，上午是学习性区域活动的空间，下午变成游戏性活动空间，这样的转化如何实现？一般来说，这需要在中大班才可能实现，需要教师与幼儿共同讨论，明确班级每一个空间，以及空间中材料的使用常规。比如，阅读区，既可以是学习性区域中的阅读区，也可以成为创造性游戏中的书店（角色游戏）；美工区，既可以是学习性区域中的美工区，也可以成为创造性游戏中的工艺品店（角色游戏）……

其实，如果教师具有更开放的理念，在创造性游戏的时间段里，幼儿在不伤害自己和同伴、不破坏环境的前提下，可以自由自在地利用区域空间和材料，玩任何主题的游戏，简单地说，就是想玩什么就玩什么，想怎么玩就怎么玩，而不必非要设置书店、工艺品店、汽车 4S 店、小医院、小餐厅等游戏区，相应的游戏也不必非要发生在相应的区域之中。

(3) 幼儿独立自主和自我管理能力的提升。区域活动是幼儿相对自由自主的活动类型，自由与独立有直接的关系，没有幼儿独立和自理能力的发展，就不可能会有真正的自由自主，所以，在一日生活的各个时间段里，教师都必须关注幼儿自理能力的发展。只有幼儿能够独立地选择区域、独立取放材料、独立进行游戏或学习活动、独立进行材料的收整，才有可能实现自由的区域活动，自主地进行两种类型的区域活动的灵活转换。

14.各年龄班应该如何选择区域类型？

新学期马上开始了，我不知道我们班级应该设置什么区域，请问如何确定班级内的区域种类？小班、中班、大班的区域种类有区别吗？

区域的种类比较多，班级空间有限，不可能、也没有必要把所有的区域都设置全。所以，区域环境创设之前，班级教师首先要确定的就是区域种类的取舍，简单地说，就是明确自己的班级要什么区域、不要什么区域。

如果班级的区域活动是在同一时间段里进行，那么班级的区域种类就应该包含学习性区域和游戏性区域两大类。学习性区域一般包含美工区、阅读区、语言区、益智区、科学区、生活操作区等；游戏性区域一般包含角色游戏区、表演游戏区、建构游戏区等。

每个班级选择区域类型时，一般应该考虑以下两方面的要求：

(1) 考虑幼儿的兴趣、需要和已有经验。 既然区域是满足幼儿的个性化发展的需要，所以在区域类型的选择上，教师就应该更多地考虑本班幼儿近期的经验和兴趣需要。这就需要教师更多地观察和倾听幼儿，或者和幼儿经常进行谈话。教师对幼儿了解越多，设置的区域就可能会越符合幼儿的需要。

(2) 考虑幼儿发展目标的需要。 区域活动作为幼儿园课程的组成部分，还承担着实现发展目标的任务，所以，区域设置时不仅要考虑幼儿的兴趣和需要，还需要兼顾发展目标的需要，教师应根据《指南》各个领域的发展目标和近期主题教育的目标来设计区域活动的类型，以及区域活动的具体内容，有目的、有计划地推动幼儿的发展。

现阶段幼儿园在区域类型的选择上通常会存在如下问题：

(1) 区域类型的选择盲目。 有些教师在选择区域时缺乏对于幼儿发展的整体把握和思考，也缺乏对自己班级幼儿的了解，一味地模仿别人，造成在班级区域类型的选择上的盲目性。

(2) 区域类型的选择单一。 有些班级只有学习性区域空间的创设，缺少游戏性空间的创设，不能满足幼儿自主游戏的需要。

(3) 不同年龄班区域类型太雷同。 如果我们认可小班、中班、大班幼儿发展特点和发展目标不同，那么，在区域类型的选择上肯定也应该有所不同。一般来讲，小班，尤其是小班上学期，可以淡化学习性区域，强化游戏性区域，以满足幼儿的心理需要。大班，考虑到幼小衔接的教育目标，就应该强化学习性区域，以培养幼儿较强的自主学习的意识和能力，尤其是学习品质的养成，为幼儿入小学做好准备。

学期初确定了区域类别后，是否可以一学期不变？

区域的类型在一个学期中可以变化，也可以不变。区域类型保持相对的稳定，可以减轻教师负担，也可以帮助幼儿建立较好的区域活动常规。即使区域类型不变，区域中的活动材料和具体的活动内容也一定是追随幼儿的发展，不断变化的。

每个班级选择多少个区域比较适宜？

还有一个问题是关于区域的数量问题。我国幼儿园现阶段大多数班级内幼儿的数量在 25~40 人，那么班级内的区域数量应该在 5~10 个，每个区域可以容纳 4~8 人。区域可以容纳的人数既与空间大小有关，也与玩具材料的多少有关。人数太多，彼此会有较多的相互干扰，不利于幼儿专注的活动；人数太少，不利于幼儿形成交流合作，自主构建共同游戏的小团体。区域数量没有固定的要求，但应保证每个幼儿都有区域可进，有材料可选择，避免拥挤和争抢。

15.区域活动的时间如何安排更适宜？

区域活动安排在一日活动的哪个时间段最适宜？每次区域活动应该安排多长时间？

区域活动的时间安排在一日活动的任何时间段都可以。每次活动不少于40 分钟。其实，西方很多幼儿园大多数时间幼儿都在自主地玩，只有很少的集体活动。我国现阶段很多幼儿园还是会安排很多的集体活动，教师对于幼儿自主活动的价值缺乏认识，也缺乏组织指导的策略。我们现阶段所强调的区域活动，正是针对这种现实提出来的。希望集体活动较多的幼儿园，可以每天至少安排一次不少于40 分钟的室内区域活动，不少于1 个小时的户外自主游戏活动，这样可以基本保障幼儿的自主权益，基本落实"以游戏为基本活动"的保教目标。如果我们的幼儿园基本以幼儿的自主游戏活动为主，很少集体活动，那就不存在每天安排多长时间的区域活动的问题了。

在开展区域活动时，教师会因为幼儿园制订的时间表匆匆结束，幼儿如果正在游戏兴头上就不得不放弃正在进行的活动，匆匆地结束会打击幼儿的兴致，导致游戏无法进一步深入。怎样既能维护幼儿的兴趣，又能和幼儿园基本的时间安排不冲突？

在幼儿园的保教实践中，确实存在上面老师所说的情况，就是活动时间无法满足幼儿的需要，匆匆结束，导致幼儿游戏兴致被破坏、游戏水平无法持续提高的问题。如果存在这种情况，幼儿园管理者和教师需要做好以下几方面的工作：

(1) 调整一日活动的作息时间表，适当延长区域活动时间，尽可能满足幼儿自主活动的需要。有研究表明，幼儿探索活动的深入和游戏水平的高低确实与时间长短有关，如果每次区域活动时间过短，匆匆结束，就容易导致幼儿每次的自主探究和游戏活动浅尝辄止，无法深入，长此以往，必然会破坏幼儿的兴趣，影响幼儿的持续发展。

(2) 执行幼儿园一日作息时间弹性管理制度。因为各年龄段幼儿发展水平不同，需要不同，所以，幼儿园各个年龄班的作息时间应该有所不同，小、中、大班执行完全一致的作息时间表很容易出现前面所说的问题。另外，班级教师应该拥有根据幼儿具体情况灵活调整某些活动的时间的权利，而不是全园固守完全一致的时间表。

(3) 尊重个别幼儿的自主活动，灵活调整班级活动的组织安排。如果区域活动是幼儿自由自主的活动，那就必然会存在各种各样的活动内容的选择，有些活动具有持续性、变化性、创造性，比如游戏活动和美工区活动，吸引力较大，幼儿很难立刻收住；也有些活动不具有持续性，比如学习活动，一本书看完就是看完了，一份操作材料操作结束就是结束了，幼儿很容易收住，转入收整材料，结束区域活动。所以，如果一个班级有至少两位老师在区域活动现场，那就可以允许某个或某几个幼儿适当延长区域活动时间，两位老师要有合理的分工，既顾及全体幼儿，也关照到个别幼儿的需要。

(4) 区域活动结束前提示幼儿。一般教师会选择一段音乐作为区域活动开始时的提示，另外选择一段不同的音乐作为区域活动结束时的提示。在结束音乐响起的时候，幼儿开始收整材料，时间 3~5 分钟左右。在区域活动结束音乐播放之前 5 分钟左右，教师需要巡视全班，如果发现某些区域的幼儿正在活动高潮，可以适当提示幼儿进行收尾工作，尤其是美工区和建构游戏区这样有作品呈现的区域，一定要让每次进入区域活动的幼儿有一幅相对完整的作品完成，否则，很容易伤害幼儿对自我能力的认识，也伤害幼儿再次选择此区域进行活动的兴趣。

16.农村幼儿园如何让家长认同并支持我们开展区域活动？

我们是一个乡镇幼儿园，有时通知家长带方便面盒、纸杯、纸箱、瓶子之类的东西，家长就会有意见，会说：我们拿钱上幼儿园，你们就让孩子们玩这个？幼儿园缺钱吗？请问该如何让家长转变观念、接纳幼儿的游戏，并主动参与到区域材料的收集中来？

幼儿教育不等于幼儿园教育，没有家长的认可和参与，幼儿教育很难有真正的效果。所以，家园共育至关重要，幼儿园教育必须与家庭教育同步。家长与教师形成教育的合作伙伴关系，教育才会达到事半功倍的效果，否则，就可能是相反的效果。

说实话，农村的幼儿教育尤其难做，财力支持不足，培训跟不上，合格教师缺乏……还有，让农村幼儿教师最头疼的不是幼儿园里的孩子们的教育问题，而是家长的观念问题。传统教育和应试教育的巨大影响导致现在的农村家长还是会认为幼儿园必须教孩子们读书识字和算数，否则，上幼儿园有什么意义？这真的是非常巨大的传统的力量，老师们要扭转这样的认识，让家长们认可"游戏是幼儿园的基本活动"，认可"游戏就是幼儿的学习和生活"的观念，并主动带材料到幼儿园里来支持幼儿的游戏，教师们需要下很大的功夫。

第一，教师要提升自己的专业素养，真正认识到游戏对幼儿的发展价值，能够随时观察和分析幼儿在游戏中的发展。

第二，在幼儿园里先把游戏做起来，观察记录幼儿在游戏中的发展状况，积累较多案例，在家长会上与家长分享。

第三，家长开放日时，开放室内区域活动和户外自主游戏，让家长能够亲眼看到自己的孩子在游戏中的专注、投入、创造、合作……当然，更重要的是开放日结束之前，班级老师能够帮助家长去做一些分析。开放日的活动中，还需要让家长看到自己带来的材料是怎么在区域活动中使用的，这样的使用对幼儿的发展有什么样的影响。

第四，教师带领家长利用一些自然材料、废旧材料，比如，玉米皮、玉米棒、树枝、树叶、纸盒等，进行一些创造性的制作活动，或者游戏活动。让家长亲身体验这些材料带来的创造，以及创造带来的成就感和满足感。

第五，只要家长带来了材料，就把幼儿使用此材料做活动的照片发给家长看，并给予家长感谢和肯定。

第六，借助于家长课堂、家园联系册、网络社交平台上（QQ群、微信群）好文章的分享、幼儿活动观察记录的分享等，尽可能多地与家长沟通。

观念的转变一定不是一天两天的事情，只要教师持之以恒地去做，相信一定会达成家园一致的教育理念，共同推动幼儿的健康发展。

第二章

区域环境的创设与材料投放

17.如何确定班级中每个区域的位置和面积大小？

我今年带一个新班，已经确定好了6个区域，我想问的是每个区域定在哪个位置是否有要求？

前面已经谈过，教师带一个新班时，先要根据幼儿的兴趣、需要和已有经验确定区域的种类和数量，接下来就应该考虑每个区域的位置、空间大小以及材料投放等问题。

区域的位置通常是由区域活动的性质和活动内容的需要确定的。有些区域对于位置没有什么要求，比如娃娃家，只要有一个像家一样布置的空间，投放一些孩子们喜欢的玩偶和家居之类的玩具，就可能会引发幼儿的娃娃家游戏。有些区域的活动对于位置是有要求的，比如阅读区里的阅读活动需要较明亮的光线，所以，阅读区最好在向阳、靠近窗台的位置。夏天阳光较强，幼儿也不能在直射的阳光下阅读，所以，活动室还必须装有窗帘；科学区里会有一些实验活动，可能会需要光、电、水等，所以，科学区最好临近光源、电源、水源等，如果不能临近，教师就应该帮助幼儿解决每次活动所需要的光、电、水的问题；自然角里的植物和动物都需要阳光，所以，自然角最好安排在阳台，或者活动室向阳的置物架、桌面上。

区域位置确定时，如何既兼顾区域之间的互动，又能避免动静相互干扰？

确实，不能孤立地考虑某个区域的位置，教师还应该整体地考虑班级空间的合理分割。幼儿园的班级空间既是生活空间，也是学习空间、游戏空间，教师需要结合一日活动的需要，对班级的整体空间进行合理的分割。

设置区域、确定区域的位置时还应该考虑区域与区域之间的位置关系，尽可能让相似性质的区域活动构成互动关系，有助于幼儿跨区域的交往，不断拓展游戏情节，也有助于幼儿不断生发新游戏。比如，娃娃家如果临近理发店、小餐厅、宠物店等角色游戏区，娃娃家的成员就会不断与邻近区域的小朋友互动交往，自主生出很多游戏情节，游戏就会充满变化性、趣味性、创造性。如果仅仅一个娃娃家，空间有限，玩具材料有限，幼儿之间的交往互动必然就会受限。

另外，在区域活动时，有的区域需要安静的环境，如阅读区、益智区、生活操作区、美工区等，而有的区域比较活跃，如角色游戏区和表演游戏区，它们彼此会相互干扰，所以，在区域位置选择时，还需要考虑动静分割的问题，以确保区域活动的有序开展。如果班级既有活动室，又有寝室，那就可以充分考虑寝室的使用，相对活跃的动的区域可以安排在寝室。如果在寝室中安排区域活动，还需要考虑寝室中搬来搬去的床如何安放。为减轻教师的负担，一般应考虑哪些区域的材料比较容易收纳，不占用太大空间，这样才适合安置在寝室内。比如，在积木搭建区，积木在游戏结束之后，收放在橱柜中，橱柜一直靠墙摆放，不占用太多空间，不影响寝室中床的摆放。

如果班级中寝室与活动室是一体的，要解决动静分区的问题，就可以考虑走廊和大厅等公共空间的使用。其实，一个班级是无法做到完完全全地把动的区域和静的区域分割开来。教师应该了解动和静也是一个相对的概念，因为静的区域里永远会有动的幼儿，完全避免幼儿之间的相互影响是不可能的，幼儿也需要练习在动的环境中沉浸自己的活动之中的能力，发展专注力，这是很重要的学习品质。

班级空间有限，如何保障每个区域有足够的空间？

至于每个区域的空间大小，需要根据活动性质和进入的幼儿人数来确定。一般来说，相对安静的阅读区、益智区、美工区等所需要的空间不是很大，幼儿主要坐在桌边进行操作活动，空间面积与人数有直接关系。而角色游戏区、表演游戏区、建构游戏区则需要更大的面积，否则，游戏无法进行。

如果班级面积有限，无法保证每个区域有足够的空间，最好的解决办法就是动态设置区域，每个区域的空间大小可随需要动态变化。比如，美工区一般只占用两个橱柜和一张桌子的面积，如果选择此区域的人数比较多，可随时往外延伸空间，再增加一张或者两张桌子皆可。每个区域都可以按照这种方法动态延伸区域空间。

18.班额比较大的班级如何布置区域活动的环境？

我们幼儿园的班额都比较大，我们班就有58个幼儿，而教室的空间有限，每次区域活动都很拥挤，请问空间小、幼儿人数多的班级如何布置区域环境？有什么好办法让幼儿在有限的空间里可以更充分地开展区域活动？

上面这位老师的问题真的是很现实的一个问题，也是很折磨老师们的一个问题。我有一次进行"国培"授课时，有个老师也曾问过我类似的问题，那个老师的班级更甚，一个班幼儿人数超过 70 人，教室内基本是桌子对着桌子、人挤人坐着，针对这样的班级，说实话，没有很好地开展区域活动的答案。因为像这样规模的班级连基本的人权也没有，不符合办园的基本条件，几乎没有质量的基本保障，无法谈区域活动的开展。这几年教育部和各省市教育主管部门一直在抓中小学"大班额"的问题，其实幼儿园"大班额"的问题也很严重，尤其是某些办学声誉较好的公办幼儿园。"大班额"的问题不解决，教育质量就不可能提升上去，因为"大班额"会带来至少三层伤害：

第一层伤害是对幼儿的伤害。按照 2016 年住房和城乡建设部新颁布的《托儿所、幼儿园建筑设计规范》的规定，小班人数最多 25 人，中班 30 人，大班 35 人。活动室面积最少 70 ㎡，寝室 60 ㎡，当活动室与寝室合用时，其房间最小使用面积不应小于 120 ㎡。如此说来，除去卫生间的空间，人均室内使用面积不能低于 3.4 ㎡，这样的要求是幼儿健康生活和成长的最低保障。如果班级人数过多，必然会影响幼儿的生活和游戏，造成对幼儿健康成长的伤害。另外，人数过多，必然导致拥挤，这也会增加幼儿出现安全事故的几率。

第二层伤害是对教师的伤害。班额过大的班级，教师需要承担更大的工作量和更多的责任，必然导致教师超负荷工作，长期的生理、心理超负荷工作必然会影响教师的工作积极性和热情，也会造成对教师的伤害。对教师的伤害是对幼教事业最大的伤害。

第三层伤害是对幼儿园保教质量的伤害。班额过大的班级无法保障幼儿游戏的环境创设、游戏化课程的实施；教师无法关注个别幼儿的发展需要，给予幼儿足够的关注和引导……这样的幼儿园自然也谈不上提升保教质量的问题。

我们知道班额过大带来的害处，但没办法，暂时解决不了。尽管如此，我们还是希望为幼儿提供尽可能好的教育，所以，是否能给予我们开展区域活动的建议？

如果现阶段还无法解决大班额的问题，要开展区域活动，我能够给予的建议如下：

(1) 把全体幼儿分成 A、B 两个大组。 室内区域活动和户外自主游戏活动分 A、B 两个大组分开进行，另一个时间段再交换回来即可。这样的班级最好有 4 位教师，2 位教师带户外活动，2 位教师带室内区域活动。

(2) 把区域活动与小组教学同时安排。 即在区域活动的时间段，一半幼儿在室内开展自由自主的区域活动，另一半幼儿跟随一个教师开展小组教学活动，再交换。前提是这样的班级至少可以找到两个分开的活动空间。

(3) 把区域活动和分组活动同时安排。 即在区域活动的时间段，一半幼儿可以自由选择区域进行自主活动，另一半幼儿必须进行规定的小组活动。小组活动通常是阅读和美术这样安静、不需要太多玩具、不占用太多空间的活动，再交换。

(4) 把区域活动和功能室活动同时安排。 每次区域活动时，都可以安排一半幼儿进入幼儿园的功能室（多功能室、科学发现室、美术室、阅览室等）开展活动,再交换。前提是幼儿园有足够多的功能室,能够安排下全园另一半幼儿。

（5）室内主要设置学习类的区域，游戏类的区域全部设置在户外。班额大的班级，必然室内空间有限，通常学习类的区域所需要的空间比较少，幼儿也较少走动，所以，班额大的班级可以考虑在室内仅仅设置学习类的区域，幼儿游戏的需要主要通过户外活动得到满足。

19.班级空间小，是否可以采用跨班区域活动的方法解决？

由于我园室内空间小，在进行区域活动时很难做出空间上的分割，所以，我园探索在同年龄班之间开展跨班区域活动，每班只保留两个大区域，每个区域13~15人，请问这种方式是否适合？

这位老师所在的幼儿园同样遇到室内空间不足的问题，他们的解决办法是玩具橱柜固定在墙面上，留出更多空间给幼儿活动，还有同年龄班之间跨班开展区域活动，尽管是无奈之举，却也不失为一种应对办法。

跨班区域活动相对于混龄区域活动更好开展一些，因为相对一致的年龄段，幼儿发展特点和水平相对一致，发展目标相对一致，所以，不同的班级之间设置区域时就会更具有年龄的针对性，教师研讨时也更容易聚焦问题。跨班区域活动会提供机会让幼儿去别的班级活动，每天都会有些新鲜感。跨班区域活动当然也会因为不同班级的幼儿一起活动，幼儿有更多的机会与不同的小伙伴交往，扩大交往面，提升社交技巧。不同经验的幼儿经常一起互动，也可能会带来游戏时的相互碰撞，因而让游戏内容更丰富，更具有创造性。

开展跨班区域活动应注意什么？

跨班区域活动的开展并不容易，需要教师付出更多努力：

(1) 区域设置合理。如果每个班级只设 2 个区域，平行班共有几个？如何保障学习性区域与游戏性区域的平衡？如何满足这个年龄段幼儿的兴趣和需要？——这是老师们必须要考虑的首要问题。

(2) 区域之间，活动之间的动态隔断。因为班级空间有限，玩具橱柜全部固定在墙面上，没有办法利用橱柜进行空间上的隔断，就可能会造成区域之间的相互影响。而且每个区域的幼儿人数较多，也可能会存在同一区域之间幼儿活动的相互干扰，因为幼儿的社会性发展水平有限，不可能进行 13~15 人的团体合作，所以，教师既需要注意区域与区域之间的隔断，也需要注意同一区域内不同活动、不同幼儿之间的隔断，可灵活采用收缩式、折叠式栅栏，根据需要，随时灵活进行隔断，让大区域、小区域在空间上既具有相对稳定状态，又处于动态变化中。

(3) 区域材料投放丰富。如果每个区域都会有 13~15 人，那就必须投放充足的玩具材料，才可能满足幼儿自由选择的需要。每个区域的材料投放时如何兼顾这个年龄段所有幼儿的需要和兴趣？这可能是比较难的一个问题，教师需要在考虑本年龄段幼儿发展目标的同时，观察每一次幼儿的活动情况，根据幼儿兴趣和需要不断调整材料。

(4) 循序渐进开展跨班区域活动。第一步，幼儿先要熟悉本班所有区域活动材料的操作，明确规则和要求。第二步，换班开展区域活动，逐步熟悉另外几个班级的区域活动材料的操作要求。第三步，师幼共同讨论自由选择班级和区域开展活动的步骤和注意事项。第四步，幼儿自由选班选区域。

(5) 教师注意观察，及时反馈幼儿情况，加强教研，在不断解决问题中逐步完善跨班区域活动。跨班区域活动时，教师一般都是定点组织、定点观察，对于不在自己视线范围内的很多本班幼儿的情况会缺乏了解，这就需要定点老师的观察和及时反馈。跨班区域活动需要教师付出更多辛苦，也会让教师面临更多问题，这些问题只有通过不断的反思和教研得以解决，跨班区域活动才不会流于形式，才会具有发展的实效。

20.区域材料应该以成品材料为主还是半成品材料、自制材料多一些？

在区域活动中我们每次都要花费很多的时间和精力给幼儿准备材料，但是他们总是玩得乱七八糟的，对于教师做的很多玩具材料并不喜欢，我们该怎么办？区域材料到底以成品材料为主，还是半成品材料、自制材料更多一些？

布置区域环境，老师们最头疼、花费时间精力最多的就是玩具材料的选择和投放了。区域材料是区域活动开展的前提和物质保障，直接决定了区域活动的质量，所以，教师花费时间精力准备是应该的，这就是区域活动前教师必须要做的"备课"中很重要的组成部分。

准备活动材料不等于自制玩具材料。区域中的玩具材料可以来自以下几条路径：

(1)购买成品玩具和材料。班级区域的性质不同，所需要的玩具材料也不同。比如阅读区的图书必须购买；益智区的很多益智玩具必须购买；美工区的工具材料需要购买；科学区的实验材料很多也需要购买。这里不存在购买的成品玩具好还是教师自制的玩具材料好的问题，要看需要，哪一个区域更适合哪一种类型的玩具和材料。

开办幼儿园必须有成本投入，其中很重要的成本就是幼儿的玩具材料和图书，所以，每个幼儿园每年的经费预算中必须为玩具材料预留专项经费，这项经费还必须逐年按比例上升。

(2) 请家长帮忙搜集一部分废旧物品材料和自然材料。班级区域活动所需要的材料是易耗品，需求量比较大，需要不断补充。不是所有材料都需要购买，很多废旧物品材料像大大小小的纸盒、纸板、包装纸、易拉罐、奶粉桶、娃娃衣帽、成人服饰、布料……都可以成为区域活动的材料。这些材料每个家庭都有，在家庭中，它们可能是垃圾，但在幼儿园区域活动中，就可能会变成孩子们的"宝贝"，所以，培育家长的"资源意识"很重要，他们可以随时为幼儿园提供这些材料。

班级老师可以这样做：第一，通过区域活动开放日，让家长看到这些废旧材料是如何被孩子们使用的，在使用的过程中，孩子们有哪些创造性表现。第二，班级教师可以适当组织一些体验活动，让家长们通过亲自参与的动手操作活动，感受变废为宝的奇妙过程，以体验废旧物品材料在幼儿园课程中的资源价值。第三，在每个班级门口摆放一个"百宝箱"，家长可以每天把自己家里不用的东西带到幼儿园里给孩子们玩。

(3) 教师和幼儿一起搜集一部分自然材料。无论是教师还是孩子们外出旅游、郊外公园踏青、户外散步时，都可以捡一部分落叶、树枝、松果、小石子等，也包括幼儿园种植园地里的蔬菜、瓜果、花朵、毛毛虫、蚂蚁等，带到区域中来，它们自然也会成为区域材料很有趣的一部分。

图 2-1 从大自然中寻找到的各种自然材料，幼儿可以根据自己的意愿和兴趣创造性使用——山东省淄博市市直机关第三幼儿园

(4) 教师和幼儿一起制作一部分玩具材料。尽管前面我表达过不赞成教师花大量时间自制玩教具的观点，但不等于教师就什么都不用做了。有时候购买

的成品玩具不能满足所有的发展目标的需要，针对性和层次递进性不够，无法满足所有幼儿的需要，教师还需要自制一部分。最好是既符合幼儿当下的兴趣和经验，又符合最近发展区的需要；既比较简单、有趣、操作性强，又可以反复使用、长久保存。

有些时候，教师也可以让幼儿参与制作，比如用硬卡纸制作几何图形，幼儿可以自己画、自己剪；教师也可以和幼儿一起自制一些简单的棋类游戏材料，如五子棋、登山棋、飞行棋等。

案例

益智区：登山棋游戏（大班）

活动目标

能运用学过的数学加减运算的知识与同伴合作进行游戏，感受棋类游戏的乐趣。

活动准备

师幼共同制作的五子棋棋盘、骰子、棋子。

（登山棋游戏棋盘）

（登山棋游戏骰子）

玩法一：两名幼儿将选择好的棋子放置到登山棋最下边两端的起点处，两人同时选择一个骰子投掷，骰子上点数多的先走一步，谁最先登上山顶即胜利可获得小红旗。

玩法二：两名幼儿将选择好的棋子放置到登山棋最下边两端的起点处，两人同时选择一个骰子投掷，谁先算出骰子上的点数之和或点数之差，谁就可以先走一步，谁最先登上山顶即胜利可获得小红旗。

玩法三：骰子的六个面也可以变成六道加减算式，两个人石头剪刀布，谁赢了谁来掷骰子，谁先算出上面的加减算式的得数谁就可以先上一个台阶，谁最先登上山顶即胜利可获得小红旗。

观察要点

观察幼儿在游戏过程中，能否与同伴协商玩法和规则，能否按照游戏规则进行游戏。观察幼儿游戏的兴趣，以及持续游戏的时间。

指导建议

1. 指导幼儿观察棋盘和骰子，让幼儿自己交流一下，可以玩什么游戏。在此基础上，教师向幼儿推介一种接近幼儿最近发展区的游戏玩法。

2. 如果幼儿对游戏玩法不够清楚，教师可以以游戏者的身份参与活动，一对一帮助幼儿熟悉游戏玩法和规则。

3. 此游戏可以从比较简单的比大小开始玩，再慢慢跟随幼儿数学学习的进程，逐步增加骰子上点数的大小或者加减算式的难度。

（董旭花）

案例

益智区：健康饮食棋（大班）①

活动目标

能遵守规则，与同伴合作进行游戏，感受棋类活动的乐趣；知道要多吃新鲜的瓜果蔬菜，不吃或少吃垃圾食品。

活动准备

师幼共同制作的"健康饮食棋"、骰子、棋子。

---

①董旭花等.幼儿园自主性学习区域活动指导[M].北京：中国轻工业出版社，2014.132-133.

操作要点

1. 两三名幼儿将选择好的棋子放置到起点处，采用石头剪刀布的方式确定谁先掷骰。

2. 按照骰面上的数，走相应的步数。如果棋子走到图片处，就要按照图片要求前进或后退若干步。

3. 轮流进行，先到达终点者为胜。

观察要点

观察幼儿在游戏过程中，与同伴的合作状态是否积极，能否按照游戏规则进行游戏。

指导建议

1. 和幼儿一起观察棋盘上的图片，了解哪些是垃圾食品，知道如果棋子落到垃圾食品上会后退相应的步数，落在瓜果蔬菜上则会前进相应的步数。

2. 如果幼儿对规则掌握不清楚，教师可以以游戏者的身份参与活动，帮助幼儿熟悉规则。

（山东省枣庄市实验幼儿园 刘坤）

我们县评估幼儿园的标准中有一项，教师自制的玩具必须占玩具总量的50%，这怎么看？

这样的评估标准可能真的是对玩具材料认识的一种误解。因为有这样的评估标准，也因为在各地存在的不同名目的自制玩教具比赛，导致在幼教实践中，确实存在教师花大量时间，加班加点自制玩教具的问题，令教师负担不断加重。

我个人并不同意教师花费大量时间自制玩教具，因为专业的人需要做专业的事情，教师的专业是保教工作，设计和制作玩教具在企业里有专业的人和专门的机器来做。教师能做的主要是纸一类的东西，确实没那么好玩，也难怪有的老师会说孩子们"对于教师做的很多玩具材料并不喜欢""他们总是玩得乱七八糟的"，因为实在经不起孩子们玩。与教师花费时间自制玩具相比，还不如投放适宜的原始材料，引导幼儿自己制作和玩耍。

教师不花大量时间自制玩具，不等于教师不花时间为幼儿准备环境和材料。教师必须提升玩具材料分析的意识和能力，懂得为本班幼儿选择适宜的玩具和材料，懂得什么样的玩具材料能为幼儿带来什么样的发展，懂得本班多数幼儿的最近发展区，操作什么样的玩具材料可以把幼儿带入最近发展区的水平。

这位老师前面还问道"区域材料是以成品材料为主还是半成品材料、自制材料多一些"，这个问题涉及的玩具材料，主要是根据其是否定型来进行区分，我们购买的可能是成品玩具，比如娃娃家里的娃娃、小汽车，益智区里的益智玩具，也可能是美工区的各种工具（剪刀、胶带等）和材料（各种纸）。我们搜集来的各种物品材料，可能是成品，比如爸爸的墨镜、领带，妈妈的丝巾、草帽等，也可能会搜集一部分废旧材料，如布条、丝线、纸盒、纸杯、纸板等。半成品材料很少，一般是指教师制作一半，作为示范，幼儿再继续制作。比如编辫子的材料，在投放时，教师可以先编三分之一，再投放区域，给予幼儿一些示范引领，这就是半成品的材料。区域中投放的材料，不存在哪一种类型更多更好的问题，关键就是区域活动的需要。

图 2-2 成品玩具

图 2-3 半成品材料：葵花盘是成人做好的，投放在区域中，供小班幼儿插葵花籽，锻炼其精细动作，发展手眼协调能力。——山东省淄博市市直机关第二幼儿园

图 2-4 原始材料：既包括各种生活中的废旧材料，也包括各种自然材料——山东省潍坊市奎文区育华幼儿园

21.低结构材料和高结构材料，哪一种更适合区域活动？

低结构材料就是自制的材料吗？

玩具材料的结构性高低与是买来的还是自制的没有关系，与其本身结构性是否松散，功能、玩法是否富有变化有关系。比如，小汽车玩具、布娃娃、高仿真水果玩具等，肯定是高结构玩具，而相对来讲，幼儿拼插的雪花片、拼搭的积木则属于低结构玩具。布置区域环境时，教师还会搜集生活中大量的废旧物品材料投放，这些材料，有的结构性高一些，比如娃娃家里的锅碗瓢盆，表演区里的草帽、领带、女士包等，有些则结构性低一些，比如纸板、纸条、纸筒、毛线绳等。周围环境中大量的自然材料也可以成为区域中的材料，这些材料有些结构性高一些，比如瓜果蔬菜、蚌壳等，有些结构性低一些，比如树叶、石子等。

把玩具材料划分为高结构和低结构玩具材料，只是一种相对的划分，并没有一条清晰、严格的区分界限。学界也有人把纸条、树叶、石子这种材料称之为"无结构"材料，意思是这种东西根本没有任何结构设计，幼儿想怎样使用和玩耍皆可。我认为玩具材料的结构性低到一定程度之后，必然是无结构玩具材料，用什么样的名称称呼它并不重要。

图 2-5 高结构玩具材料

图 2-6 无结构材料——山东省商务厅幼儿园

图 2-7 低结构玩具材料：磁力棒

低结构材料与高结构材料哪种更适合区域活动？

幼儿园区域活动类型很多，并不存在哪一种玩具材料更合适这种说法，因为不同的区域，发展目标不同，活动性质不同，幼儿的兴趣和需要不同，自然所需要的玩具材料也不同。教师需要思考的是什么样的玩具材料更适合幼儿当下的发展水平和兴趣，更有助于幼儿哪些方面的发展。比如，娃娃家游戏，为了支持幼儿进行家庭角色的扮演和自主的游戏故事演绎，可能就需要布置家庭生活的情境，投放一些家具、厨具、餐具和娃娃、小动物布玩具等材料，这些均为高结构玩具；为了支持幼儿具有更开放的游戏情节和以物代物的发展水平，娃娃家还需要投放一些丝带、废纸、布条、石子、橡皮泥等材料，这些均为低结构材料。高结构玩具的投放，有助于幼儿游戏主题的确定和游戏情节的展开，而低结构游戏材料则有助于幼儿游戏的开放和创造。一般来讲，年龄越大，区域中投放的低结构玩具材料就应该比例越高一些。也就是说，小班娃娃家可以有更多高结构玩具，而大班就应该投放更多低结构材料。

另外，像阅读区的图书、生活区的操作材料、益智区的益智玩具、科学区的实验材料等，这些区域本身的设计就是指向有目标的操作和相对定向的发展，肯定需要考虑材料的内在结构性，而且具有很强的目标性和逻辑性，也就不必非要把这些玩具材料分为高结构还是低结构了。简言之，通常我们所言的高结构、低结构材料，是针对幼儿的游戏而言，结构性越低的玩具材料，越具有开放性、变化性、创造性。而学习型区域活动的玩具材料则完全不同，需要教师根据关键经验的需要进行有目标的设计，所以，其玩具材料一般都具有较高的内在结构性和逻辑性。

低结构材料就是开放性材料吗？

通常高结构材料具有较固定的玩法，而低结构材料更具有开放性、变化性。《开放性材料：幼儿创造性游戏》一书对"开放性材料"的界定是：开放性材料是指儿童在游戏时可以移动、操作、控制和改变的吸引人的、很好找到的物件和材料（牛津郡游戏协会，2014）。儿童可以用几乎无穷尽的方式来搬运、组合、重新设计、排列、拆开、复原开放性材料。这些材料没有明确的操作指南，它们可以被单独地使用，也可以与其他材料结合在一起使用（Hewes，2006）。儿童可以把开放性材料变成任何他们想要的事物：一块石头可以成为故事中的人物；一颗橡子可以成为假想的汤羹中的食材。这些物件引发了对话和互动，激发了协作和合作①。

"开放性材料"的概念早在1971年就被一位英国建筑师西蒙·尼可尔森（Simon Nicholson）提出，后来许多教育工作者与早期教育相关研究人员认识到开放性材有助于幼儿的学习和发展，而开始将开放性材料的相关理念应用到早期教育的现场②。从《开放性材料：幼儿创造性游戏》一书关于材料的照片案例可以发现开放性材料无所不包，既有石子、橡子、树叶、羽毛、果壳一类的自然材料，也有玻璃珠子、瓶盖、丝巾、铁丝、铁环、水管、编织袋、夹子、衣架、毛线团之类的人工合成材料，也包括五金材料、轮胎、盖子、瓶子、毛巾等生活用品、生产材料等。如此说来，"开放"更是一种理念，只要具备了开放的理念，周围环境和生活中遇到的各种物品皆可以成为幼儿游戏的玩具。

22.区域材料越多越好吗？

一个区域内投放几种材料合适？是把区域内的橱柜都填满，还是投放合适的几种？区域材料是不是越多越好，以避免幼儿争抢玩具？

关于区域材料的投放，通常第一个要求就是丰富。丰富的材料既包括材料的种类多，也包括材料的数量充足。比如娃娃家，如果仅有十几个布娃娃，别

① ［美］莉萨·戴莉等.开放性材料：幼儿创造性游戏［M］.南京：南京师范大学出版社，2018：5.
② ［美］莉萨·戴莉等.开放性材料：幼儿创造性游戏［M］.南京：南京师范大学出版社，2018：译者序.

的什么材料也没有，就属于区域材料的种类单一。仅有几十盒水彩笔和图画纸的美工区，也属于区域材料的种类单一。材料太过单一的游戏性区域，无法支持幼儿开展主题和情节丰富的游戏；材料太过单一的学习性区域，无法满足幼儿多方面发展的需要。

所以，区域材料丰富很重要，第一，可以促进幼儿多方面的发展；第二，可以满足幼儿个性化的选择需要；第三，避免争抢玩具材料带来的纠纷；第四，可以引发变化多端的游戏。

那就是说教师应为幼儿提供尽可能多的区域材料？

尽管区域材料应该尽可能丰富，但也不是越多越好。太多的玩具材料也会带来一系列的问题：第一，玩具材料占用太多的空间，影响了幼儿操作和游戏的空间，也易导致环境不够整洁有序；第二，太多的玩具材料，会令幼儿花费很多时间精力进行选择，消耗幼儿的生命能量；第三，太多的玩具材料，可能会导致幼儿不专注，不能深入、持久地去探究每一样玩具材料的多种玩法；第四，太多的玩具材料会减少幼儿之间的交往和合作；第五，因为有太多的玩具材料，自然也不需要太过珍惜。

那应该如何投放区域中的玩具材料？

区域中的玩具材料在选择时应注意玩具材料的适宜性、操作性、趣味性、丰富性、安全性等。

适宜性是指玩具材料适合幼儿的兴趣、需要和已有经验，也适合幼儿最近发展区的目标。操作性是指玩具材料可动手反复玩，而不仅仅是摆弄看看。谈到可操作性，尤其要注意避免作业单式的操作材料，即仅仅让幼儿在上面连线、做口算题、写答案之类的材料。趣味性是指玩具材料是否好玩、有趣。通常可动手操作、富有变化、具有一定挑战性的玩具材料就可能会比较好玩。丰富性当然是指玩具材料应保证其种类和数量的多样。安全性是玩具材料最基本的要求。如果是购买的玩具，一定要有"CCC"或"CE"的标志，以及年龄和使用安全警示。"CCC"属于符合强制性产品认证制度要求的，贴有"CE"安全标志的产品则不仅可在国内，也可以在欧盟各国销售。

玩具材料投放时也需要注意以下几点：

(1) 投放的有序性。区域活动强调幼儿的自由选择和自主活动，整洁有序的玩具橱柜是对幼儿的隐性引导，有助于幼儿养成良好的区域活动常规。

(2) 投放的层次递进性。即使班级已有很丰富的玩具材料，教师也不需要一次性全部投放，可以跟进幼儿的发展和兴趣，渐次投放。

(3) 不断补充更新。班级中的区域材料不可能一劳永逸，所以，区域中的材料要随幼儿兴趣的变化而变化，随幼儿的发展而递进。其实，区域中的材料也不是永远的加加加，而是有加有减，处于动态变化之中。

至于前面老师问的"一个区域内投放几种材料合适？是把区域内的橱柜都填满，还是投放合适的几种？"这个问题没有标准答案，因为每个班级幼儿人数不同，每天幼儿的选择不同，所以，很难确定每个区域投放多少种材料合适。通常最低应保证每个人都可以自由选择，同类的材料数量要多一些，避免喜欢模仿的幼儿争抢。反过来讲，喜欢别人手里的玩具是小孩子正常的表现，教师也不必对幼儿争抢玩具过于敏感，杜绝幼儿争抢玩具不可能，也没有必要。

23.区域材料怎样更新？旧的区域材料应该如何再利用？

幼儿园要求结合幼儿需求和主题开展不断更新区域材料，幼儿对新的材料是感兴趣，但是时间久了，这些材料也会成为幼儿不感兴趣的旧材料，旧材料堆积在一起，丢了又可惜，请问该如何处理这些材料？

区域材料应该追随幼儿的发展不断更新和补充,因为幼儿是不断发展的人,幼儿的环境,尤其是每天与幼儿不断互动的材料必然应该不断变化。对于幼儿园阶段的孩子们来讲,学业课程不是最主要的学习内容,游戏和游戏化学习活动才是最关键的,所以,书本不是他们的教材,玩具材料才是他们的教材,这样的"教材"怎么能天天雷同?这样的认识应该成为当下幼教人的共识。

曾经有老师问我,多长时间更新一次材料?一个周,还是两个周?——观察幼儿、追随幼儿,视具体情况而定。这样的回答有些不疼不痒,好像什么也没有回答,因为确实也不好回答。积木搭建区的积木一年也无须变化,娃娃家里的娃娃也可以一年不变,但装扮娃娃的材料随时可以变化。益智区里5以内数的加法的操作材料,所有的幼儿都操作过之后就应该调整变化了……

如果区域里的材料玩几天之后幼儿就不感兴趣了,该怎么办?

很多老师感觉困惑的是:如果区域里的材料玩几天之后幼儿就不感兴趣了,该怎么办?不断更换新材料,教师负担太重,幼儿园财力也有压力。如果让幼儿继续玩,幼儿又不感兴趣了。建议如下:

(1) 有些区域的材料每天要更新补充。比如,美工区所需要的绘画、折纸、剪纸、泥工等材料,教师每次区域活动结束或者开始前都要检查,再考虑是否要填充新的材料,因为美工区的材料属于易耗品。

(2) 有些区域的材料每周要更新补充。比如,娃娃家、超市、医院等角色游戏区,要求老师每天更新材料不太现实,但玩了一周之后,每周五下午,教师都可以和幼儿一起来讨论,自己对什么更感兴趣,还需要添加什么玩具材料,这些材料可以怎么获得。幼儿也可以和老师一起来搜集一部分自己感兴趣的材料带到幼儿园里来。

(3) 有些区域的材料可以随主题调整而改变。如果区域活动内容来自主题的需要,那么区域材料就可以随主题变化而调整,一个主题周期一般为2~6周。

(4) 有些区域的材料需要根据幼儿的发展水平及时改造升级。比如,下图是益智区里"种豆子"的游戏材料,两个幼儿同时玩,如果近期数学学习的内容是 4 以内数的组成，那么两个幼儿各自掷骰子，骰子的 6 个面各有 6 个数字，掷骰子的面上是数字几，就拿几个豆子布置在方块中，够 4 个则可圈出来作为自己的成果，最后看看谁圈出来的地块最多。（此案例在问题 30 的"种花生"中有详述）

此游戏玩一段时间后，就可以根据学习内容的调整，修改到 5 以内数、6 以内数、10 以内数的组成，骰子上的数字也可以从小到大不断调整。

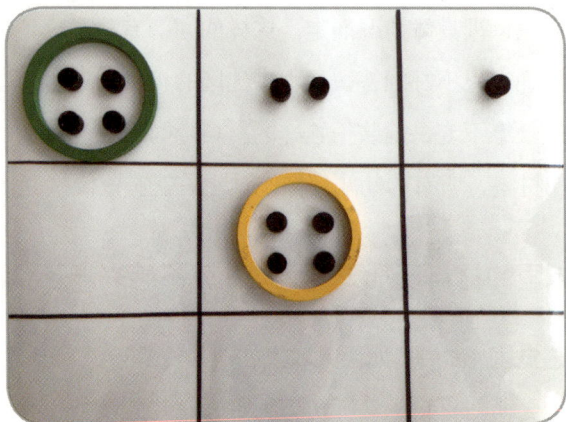

图 2-8 大班益智区活动：种豆子

(5) **有些区域的材料不需要改变。** 教师可以和幼儿一起讨论，寻找材料更多好的玩法。

撤换下来的旧的区域材料可以如何再利用？

如果区域材料需要撤换下来，这些旧的区域材料这样处理会更好一些：

(1) **把材料拆开，看看是否有重新组合、形成新材料的可能性。**

(2) **与平行的班级交换。** 平行班级交换区域材料，可以节省教师很多时间和精力。

(3) **把旧材料打包，加标签，入档。** 幼儿园所有老师都应该形成课程资源意识，区域材料是课程资源重要的组成部分，使用完毕之后，完好无损打包，贴上标签和说明，入档（幼儿园课程资源库），下一年的老师可以继续使用。幼儿园应该形成一种良好的管理和使用制度，因为曾经有老师这样倾诉过：

> 我园每个学期初，各班老师都会花费大量时间做区域材料和环境创设，九月份不能保证正常的区域活动，是走入了误区还是普遍存在的问题？求解答。

> 我园每年九月前都会进行班级位置调换（搬家），入住新班级后，各班老师会根据自己的喜好，花费大量时间和精力进行环境创设，重新调整区域材料，造成大部分资源的浪费，一段时间不能正常的开展区域活动。搬家的时候应不应该把之前班级的材料带走？如何有效利用资源、减轻教师负担？希望老师能够帮我们答疑解惑。

这样的问题应该不是个例，确实很多幼儿园都存在上面的问题，走过非常多的幼儿园，9月份区域活动开展不起来，若问为什么，老师会说：因为新环境在创设中；因为幼儿还不适应；因为新学期的常规在建立中……其实，这些问题都不妨碍区域活动的开展。新学期的第一天，幼儿就可以熟悉新环境，各项活动都可以照常进行，在活动中进一步熟悉，并建立活动常规。新班级中的区域材料，也不需要完全推倒重新做，承接前面班级的材料资源包，再根据本班幼儿的实际，适当调整和补充即可。

另外，幼儿园创造性游戏区域的材料通常不需要频繁更换，去掉破损的，适当增加即可。而自主性学习区域的材料一定具有时效性，当幼儿的兴趣和水平超越了材料所能提供的之后，就应该及时调整。学习性区域中的材料，既要满足幼儿当下的兴趣和需要，更应该符合幼儿最近发展区的水平，才能给予幼儿更好的发展和引领。

24.新园开始时是一次性投放所有新材料还是逐个区域投放？

我们是一个新幼儿园，开学初期把购买的新玩具材料一次性全部投放，还是逐个区域投放？

通常新幼儿园刚开班的时候，每个班的幼儿人数也不是很多，可以先根据幼儿的人数和年龄，创设几个最关键的区域，先和孩子们玩起来，这样既有助于解决幼儿的分离焦虑的问题，也有助于幼儿一日活动常规的建立。

如果都是小班年龄段的幼儿，可以先创设1~3个娃娃家，再创设1个美工区、1个阅读区、1个建构区。这四种类型的区域比较受孩子们欢迎，教师也比较容易选择材料投放，教师组织指导也比较容易一些。在幼儿熟悉这四种类型的区域活动之后，再慢慢增加生活区、益智区等区域。如果班级老师较少，可以先根据教师人数设置区域，因为小班区域活动初期，需要教师陪伴幼儿一起玩，在一起玩的过程中，帮助幼儿建立区域活动最初的常规。

幼儿园新购买的材料，如果是娃娃、小汽车、小动物玩偶之类，不需要教师指导，幼儿就可以玩得很好的材料，可以一次性投放区域。如果像益智区的棋类游戏一样，需要教师指导幼儿才能玩的区域材料，就需要渐次投放，即幼儿熟悉一种，再投放另一种。

请家长帮忙搜集到的材料，一时用不到，如何处理？

请家长帮忙搜集到的材料，大多是生活中的废旧物品材料，这些材料若没有经过教师的专业思考和设计，就还称不上区域活动材料。这些材料有些可以作为简单的材料投放，比如美工区折纸、剪纸用的广告纸、报纸、包装纸，教师简单裁剪大小之后就可以投放，有时候，教师原封不动投放也行；为娃娃家、表演区搜集到的包包、丝巾、围裙、草帽、墨镜、发卡、项链等材料，也可以直接投放。而有些材料则需要经过教师设计之后才具有投放的意义，比如，把搜集来的硬卡纸裁剪成大大小小的几何图案，可供幼儿进行几何图形拼摆；在硬卡纸上设计棋盘，供幼儿玩棋类游戏……

对于家长搜集来的材料，教师一时不知如何用的问题，有三种处理办法：第一，和幼儿一起讨论如何玩；第二，先投放一段时间，观察幼儿如何玩；第三，暂时储存起来。家长搜集来的材料有时候一时用不完，或者不知如何用，就可以先储存起来，在后面的时间里继续观察幼儿，和幼儿互动讨论，慢慢地，也许就会有很多想法冒出来。如此说来，管理者要考虑为每个班级准备一个大一些的储藏室或者储存柜。

如何让幼儿喜欢班级所有的区域材料？

让每个幼儿喜欢每个区域的所有材料，这几乎是不可能的。区域活动就是幼儿在有准备的环境中进行的自由、自主、自选的活动，区域活动最大的价值就是满足幼儿的个性化需求。无论是儿童发展心理学，还是加德纳的多元智能理论都告诉我们，每个幼儿都具有不同的优势领域，每个幼儿的个性、兴趣、学习风格、发展水平都是不同的，所以区域活动时，教师应该支持幼儿选择自己感兴趣的活动，而不必勉强幼儿选择不感兴趣的活动，教师也不必期待幼儿喜欢每种区域材料。

但若是所有幼儿都不喜欢某个区域里的材料，那么教师就需要思考这个区域的材料是缺乏趣味呢？还是缺少操作性、变化性？亦或是与幼儿的已有经验、发展水平距离太远……寻找到原因，才可能调整得更好。而区域中的材料为什么不能吸引幼儿，答案不在所谓的专家那里，教师一定要学会从幼儿那里寻找原因。观察幼儿的活动、与幼儿聊天，一定可以找到答案。

如何投放有层次的区域材料？

谈到区域材料的层次的问题，是指材料的复杂和难易程度上的层层递进，主要表现在学习性区域的材料上，一般来讲，创造性游戏的材料对此要求不是很明显。层次性可以从两个方面理解：第一，追随幼儿发展，有层次地、渐进式投放材料。都是小班，9 月份和 6 月份的幼儿会有很大的不同，当然区域材料就应该有所不同，从 9 月份开始，学习性区域的材料就应该是循环递进投放的，比如，生活区的扣纽扣的练习活动，可以从简单的粘扣、暗扣开始，慢慢到较为复杂的盘扣、搭扣等，对于精细动作的要求是渐次递进的。第二，应该考虑本班不同发展水平幼儿的需要，投放不同难度和复杂程度的操作材料。即使是同一时间段里的同一班级中，尽管幼儿年龄相差不到一岁，但可能兴趣和发展水平差异甚大，所以，教师在投放学习性材料时，既要考虑到较高发展水平幼儿的发展需要，也要考虑到较低发展水平幼儿的需要，让不同水平的幼儿都可以在操作中获得满足感、成就感，并在原有水平上向前发展。比如，益智区的拼图材料，可以简单地按照块数的多少进行难易程度上的区分。同一个班级的幼儿，有的很喜欢拼图，也经常会选择拼图玩具，拼图的水平就可能会比较高；相反，有些幼儿的拼图水平可能就比较低，所以，投放拼图材料时，可以多投放几盒，既有块数较多、较难的材料，也有块数较少、较易的材料，这就体现了教师对于不同发展水平幼儿的关照，让区域材料体现出层次性来。

25.角色游戏区是否可以不用划分那么具体的区域？

创设角色游戏区时，有必要给幼儿划分各种角色区域吗？比如超市、银行、理发店、烧烤店等，还是只提供材料，让幼儿想玩什么就玩什么？

要回答这个问题，需要先看看角色游戏是什么，具有什么样的特殊价值。

角色游戏就是幼儿按照自己的意愿扮演角色，运用语言、动作、表情、想象等，创造性地再现社会生活的一种游戏，是幼儿时期最典型、最有特色的游戏形式。角色游戏的特殊意义在于：第一，幼儿情绪情感的满足、转移、发泄。第二，在角色扮演中进行社会交往，学习交往的技巧和表达的技巧。第三，游戏过程中的以人代人、以物代物，有助于幼儿游戏情节的演绎，也有助于幼儿表征能力、想象能力的发展。第四，在游戏中建构新的社会认知，丰富幼儿的社会生活经验。所以，幼儿园各年龄班都应该创设条件，满足幼儿角色游戏的愿望。

　　创设角色游戏区时，教师只帮助幼儿创设空间、提供游戏材料，并不能限定幼儿游戏的主题，幼儿在游戏区域中玩什么样的游戏主题都是幼儿的自由。所以，班级中可以分别设置几个角色游戏区，但最好不限定每个区域中幼儿玩什么和怎么玩。另外，角色游戏区也不是越多越好，有时候角色区域太多，每个区域的幼儿都在忙活，就很难构成区域与区域、幼儿与幼儿之间的交往和互动，没有交往互动就很难生成更多的游戏情节，所以，教师更不可以限制幼儿只能固守自己的"岗位"，不能限制角色游戏区域之间的互动交往。角色游戏区域属于开放性区域，只有开放才能让幼儿有更多的交往与合作，生成丰富的游戏情节，推动幼儿的发展。

　　我曾去一个幼儿园观看大班的区域活动，班级的角色游戏区域有两个，小医院和超市。那一天选择医院游戏的有两个小朋友，一个是医生，一个是护士。因为一直没有病人来看病，所以医生和护士都没有事情做，他们就不断地去临近的超市去购物，这让班级的老师很困扰，不知道该不该阻止他们，不知道是否应该教育他们"坚守工作岗位"，这样的问题在每个班级里老师都会遇到。班级教师需要判断的是"坚守工作岗位"的发展意义，如果幼儿不活动，仅仅坐在那儿等着，是否具有发展的意义？所以，我给出的建议就是，设置班级的游戏空间时，可以考虑不确定角色游戏区的具体名称，不需要限定幼儿是玩烧烤、卖水果、包饺子，还是理发、照相、看病等游戏，创设一个较大的角色游戏空间，投放各种玩具材料，既包括具有一定的主题意义的医院、餐厅、照相馆等的玩具材料，也包括各种没有任何主题意义的低结构材料，如纸片、线绳、石子、树叶、树枝、松果等材料，鼓励幼儿自主生发各种游戏，自发建立各种关系。所以，上面老师的问题就可以解决了，教师"只提供材料，让幼儿想玩什么就玩什么"当然可以。

现阶段很多幼儿园的角色游戏存在如下问题：

● 教师忽视角色游戏的特殊价值，小班会有娃娃家游戏区域，其他年龄班几乎没有角色游戏区。

● 教师忽略角色游戏中的社会交往的特质，班级仅有的一个娃娃家或者小餐厅，仅有三两个幼儿游戏，无法形成社会交往。

● 教师把角色游戏简单地理解成社会生活模仿活动，热衷于在幼儿园搞"民俗一条街""传统文化一条街""美食一条街""××庄大集"……这些看起来轰轰烈烈的场景都是真的"假游戏"，是成人对于幼儿游戏的强加。

● 角色游戏区在设置时用一个个小木房子（不到 1.5 ㎡ 的西餐店、美容店、理发店、小吃店等）框住了幼儿的活动，不利于幼儿交往活动的展开。

● 大量的真实和高仿真的游戏材料不利于幼儿游戏中的假想活动。

为什么"美食一条街"一类的活动就是"假游戏"？我们幼儿园就是这样做的，孩子们很喜欢穿戴起来做各种小吃、吆喝着卖啊。

在国内的很多幼儿园里，确实还能看到"美食一条街"一类的活动，被作为特色活动经常展示给幼教同行看，幼教同行确实也能看到孩子们不停穿梭、甚至吆喝叫卖的热闹行为。有些幼儿园为了更突出特色，还会专门为孩子们定制服装、头巾、帽子等，让孩子们看起来更像。细究一下，"像"什么呢？自然是像成年人的行为。为什么我们要追求这种"像"呢？像成年人的行为就是游戏吗？所谓的游戏就是让幼儿模仿成年人的行为吗？如此说来，孩子们正在做的是生活模仿活动还是游戏呢？仅仅是模仿，还不是游戏，游戏一定是幼儿创造性地反映社会生活的游戏，而且是自觉自愿地、自由自在地，而不是在成人的安排、控制下的"表演"。我们所看到的热闹不就是孩子们的表演吗？这种表演是取悦幼儿自己还是成人？如果是成人，那就是"假游戏"嘛。说实话，我在幼儿园看到过很多这样的表演，很难受，这是成人对于幼儿极大的不尊重，是对于幼儿游戏的扭曲性理解。

也有人会说：孩子们也很喜欢啊，孩子们也玩得很高兴啊……是啊，偶尔有机会出来撒欢儿，当然高兴；偶尔才玩，当然新鲜；和坐在教室里上课相比，也算有意思。如果天天这样玩呢？如果和真正的自主游戏相比呢？——谁会喜欢固定的角色装扮、固定的行动路线、固定的行为语言呢？孩子们是更喜欢自己自由自在的游戏，还是喜欢这种按照固定套路演出来的游戏？真游戏一定是发自孩子们内心意愿的自由自在的活动。

很多幼儿园的游戏都是在室内进行的那种角色游戏，也就是老师设定游戏玩法，比如说银行游戏，孩子都是在老师设定的游戏中玩，这种能叫真游戏吗？没有自主的游戏对孩子有发展的意义吗？还有，孩子们自己的真游戏有时候不含有我们的教育目的，如何才能更好地处理游戏的自然性和教育性之间的关系？想要两者的平衡，在实际的教学工作中感觉很难拿捏好这个度。

角色游戏的开展室内外都可以，只要教师不限制幼儿，随时随地都会发现幼儿的角色游戏。如果像上面老师说的银行游戏，老师设定了游戏玩法，肯定不是"真游戏"，这样的游戏会让孩子们感觉越来越无趣，最终"玩死"。这种缺乏幼儿自主性的游戏对幼儿是否有发展价值？有的，就是老师期待的目标，实现对社会某种服务机构、某种行业工作内容、服务流程的认识，也就是帮助幼儿了解社会知识。但这种认识目标的实现代价太大，以损害幼儿的游戏积极性为代价，并不合适。其实，老师设定的那个社会知识和经验拓展的教育目标，一次结合视频的谈话、一次参观就可以实现。在幼儿自主的游戏过程，也会慢慢丰富和拓展这些社会认知。如果教师不过分追求幼儿游戏的功利性目标，不对游戏有太多控制和干预，保持游戏过程的自然性，在游戏之后持续进行游戏分享和经验提升，幼儿也会获得知识、能力、情感、社会性、创造性等多方面的发展。

我所带的是大班,有个照相馆的角色游戏区,孩子们都喜欢真的照相机,不喜欢用纸盒做的假的照相机,如此说来,游戏材料是不是越逼真越好? 真材料就是真游戏吗?

角色游戏是幼儿对现实生活的创造性反映,所以,幼儿的游戏经验一定来源于幼儿的家庭生活和社会生活,与幼儿自身的经历和体验有直接关系。大家都熟知《孟母三迁》的故事:

> 邹孟轲母,号孟母。其舍近墓。孟子之少时,嬉游为墓间之事。孟母曰:"此非吾所以居处子。"乃去,舍市旁。其嬉游为贾人炫卖之事。孟母又曰:"此非吾所以处吾子也。"复徙居学宫之旁。其嬉游乃设俎豆,揖让进退。孟母曰:"真可以处居子矣。"遂居。及孟子长,学六艺,卒成大儒之名。君子谓孟母善以渐化。
>
> ——[汉]刘向

这个故事是褒扬孟母对儿子的教育,即所谓"善以渐化",其实,从这个故事中我们可以清晰地看到幼儿游戏的主题和内容的来源,无论孟子和小伙伴们玩的"墓间之事",还是"贾人炫卖之事"、"揖让进退"之事,都来自他们自己的生活环境,来自对成人生活的模仿。其实,小孩子的游戏无高低贵贱之分,只要不伤害自己、不伤害别人、不伤害环境,孩子们可以玩自己想玩的任何游戏。

既然幼儿的游戏来源于现实生活和周围环境,那是不是就意味着我们应该为幼儿创设尽可能真实的游戏环境,提供尽可能真实的游

戏材料?

这确实是很困扰幼儿园教师的问题，我经常会遇到老师们这样描述自己的问题：

> 我班设有汽车 4S 店游戏区，修车站投放的是玩具类修理工具，是否需要改换成真实的材料？
>
> 我班孩子们在玩洗车游戏时，有一次询问老师是否有洗车的泡泡水，请问教师是否需要提供泡泡水给幼儿？

要回答这个问题，还需要弄清楚两个问题，那就是角色游戏仅仅是模仿生活吗？幼儿为什么喜欢玩角色游戏而且百玩不厌？

角色游戏的主题和内容确实来源于现实生活，但不仅仅是照搬现实生活，而是根据自己的经验和兴趣，创造性地反映现实生活。幼儿游戏的逻辑不会仅仅按照现实生活的逻辑开展。既然幼儿与幼儿之间的经验不同、兴趣不同，既然今天的幼儿和昨天的幼儿不同，那么，幼儿每天玩的游戏主题和游戏内容就不可能相同。一旦教师要求幼儿按照现实生活的逻辑，按照一定的流程开展游戏，这个游戏必然会被"玩死"，丧失游戏本身对幼儿的吸引力。角色游戏之所以幼儿可以百玩不厌，是因为每天选择的玩具材料不一样，玩的情节和内容不一样。即使幼儿选择的是同一样玩具材料，每个人赋予它的意义（假想）也不一样，同一个人在不同的时刻里，不同的情景里，赋予它的意义（假想）也不同，所以，游戏才会每天有新意，百玩不厌。

既然游戏不完全是对现实生活的模仿，更重要的是游戏过程中幼儿对人物、玩具材料、游戏情节的假想，幼儿就会不断创造自己的游戏主题，不断变化游戏的情节和人物关系，那么游戏环境创设和游戏材料提供时，就不必刻板地照搬现实生活的样子，而且应该给幼儿留下更多的创造性发挥的空间。

所以，上面老师描述的问题的答案是：修车站角色游戏区域不需要投放真实的修理工具，幼儿也不可能使用真实的修车工具。如果修车的工具必须是真实的，那是不是汽车也必须是真实的？——哈，当然不可能，也没必要，游戏就是游戏。幼儿想要洗车的泡泡水时，教师可以提示幼儿寻找身边的物品当成泡泡水使用，鼓励幼儿在游戏过程中更多地以物代物，而不必提供真实的泡泡水。

有个老师还曾经描述过这样一个案例：

我曾经看到一个幼儿园的"菜市场"游戏："菜市场"设置在走廊，售货员戴上头巾、围裙，买菜的挎着菜篮子，角色扮演很到位。摊铺上摆的都是家长们提供的各种农作物实物：青菜、萝卜、大蒜、辣椒、南瓜、玉米……长长的摊铺上都摆满了。我不禁心生疑惑："真材料"的游戏就是"真游戏"吗？我们能穷尽所有的材料让幼儿进行真材料的游戏吗？

"真材料"的游戏并非就是"真游戏"。是否是真游戏，取决于幼儿是否可以按照自己的意愿玩自己想玩的游戏。如果幼儿只能按照教师要求的那样去玩角色游戏，就是"假游戏"，是教师对于游戏玩法的高控的表现。我们不可能穷尽所有的材料让幼儿进行真材料的游戏，也完全没有必要。幼儿在游戏过程中的创造性表现，更多的是通过以物代物推动游戏情节的演绎，所以，在角色游戏区投放更多的低结构材料，会更有助于幼儿的创造性表达。

在创造性游戏中，对于教师提供的低结构材料，幼儿会出现茫然，自己无法生成故事情节，也很难在角色游戏中进行以物代物，有一次我班一个幼儿把一块石头当成面包，别的幼儿不仅不配合他，还笑话他，教师该怎么办？

安吉游戏的实践证明幼儿是游戏高手，教师不教，幼儿也会玩，而且能玩出很多花样。我们基本都认同这样的观点，但在我们自己带班的时候，却真的会遇到幼儿不会玩的问题。现在有些家庭在教养孩子时，关照孩子过多、过细，而且过于注重知识技能的学习，孩子几乎没有跟小伙伴一起自由玩的机会和体验，就真的可能导致有些孩子进入幼儿园之后不会和小伙伴玩，这是很可悲的现象。"一个幼儿把一块石头当成面包，别的幼儿不仅不配合他，还笑话他"，这种现象的出现，也可能跟幼儿园角色游戏区长期投放高仿真的玩具材料有关。我在幼儿园也经常会遇到幼儿不会以物代物的现象。

下面是我在小餐厅游戏区域遇到的一幕：

师（扮演顾客）：我想到你们小餐厅吃点水饺。

幼儿：没有水饺。

师：那就给我来点炒茄子。

幼儿：没有茄子，这儿只有西红柿（区域里高仿真的塑料玩具）。

师：我不想吃西红柿，就是想吃茄子。

幼儿：没有……

上面这一幕大家应该不陌生，这里的假装游戏无法进行下去，因为幼儿不会假装，不会以物代物。为什么会这样？这和小餐厅游戏区里投放的大量真实的材料和高仿真的材料有直接的关系。班级的角色游戏区长期都是投放真实或者高仿真的玩具材料，必然会导致幼儿以物代物的假想能力的丧失。其实，大家想想，任何一个三岁前的小宝宝都会这种假装游戏的，幼儿可以把任何一个盒子、石子、泥巴、树叶当成蛋糕，玩假想的给宝宝吃饭的游戏。

上面老师说的"别的幼儿不仅不配合他，还笑话他"，可能别的幼儿真的丧失了以物代物的能力，也可能仅仅是因为没有进入那个游戏情境中去而已。虽然几个孩子在一起玩角色游戏，但并不是所有的孩子都时时刻刻在同样的假想的情境中的，有的孩子不能与别人在某个时间段里互动和共鸣也很正常。

如果班级中大部分幼儿"对于教师提供的低结构材料，经常会出现茫然，自己无法生成故事情节，也很难在角色游戏中进行以物代物"的现象，教师就需要反思：幼儿不会以物代物，无法生成游戏情节的原因是什么？是经验缺乏，情境创设不够，还是大量高仿真玩具导致的？如果是经验缺乏，教师就需要通过参观、体验、观摩生活视频、谈话等活动帮助幼儿丰富相关经验；如果是情境创设不够，教师就可以考虑利用图片、人物服饰、主题玩具（如锅碗瓢盆——做饭主题；餐具——吃饭主题；服饰——打扮娃娃的主题）帮助幼儿营造主题游戏的氛围；如果是大量的高仿真玩具长期存在导致幼儿不会以物代物了，教师就需要调整游戏材料，逐步减少高结构材料，渐次增加低结构材料，并在每次游戏结束时有意识和幼儿一起讨论游戏中的以物代物的问题。当然游戏过程中，教师和幼儿一起玩，也是一种很好的引导方式。

图 2-9 2-10 角色游戏中应尽可能减少类似图片中逼真的高仿真材料

最后，我们来回答关于大班的照相馆角色游戏区，孩子们都喜欢真的照相机，不喜欢用纸盒做的假的照相机的问题。假如是我们自己，会更喜欢一个纸盒糊起来的假的照相机，还是喜欢一个真的照相机？当然是真的相机！为什么？因为用真的相机能拍出真的照片，让人有成就感、喜悦感和满足感啊。而假的相机呢，摆弄一下就没什么意思了嘛。所以，在角色游戏中，教师不需要为幼儿非要做一个假的相机，太没意思了，幼儿如果想要相机，想玩假想的拍照的游戏，他自己可以利用手边的任何物品替代，相机并不是游戏的全部，只是游戏中的一个物件而已。

在任何一个幼儿园的区域环境创设时，都可以为幼儿创设一些模拟真实世界里成人生活、劳动的场景，让幼儿有机会体验真实的生活，比如学做糕点、制作水果沙拉、磨豆浆、学习洗衣服、照相……这些活动不仅孩子们喜欢，也同样具有很重要的发展价值。但是，严格地讲，它们不是游戏，仅仅是生活模仿活动，具有模仿学习和体验的特点。在现阶段的幼儿园里，很多老师会把它们和角色游戏混淆。尽管幼儿在模拟成人的角色、体验真实的生活和劳动，幼儿在这一类的活动中会有喜悦感，但并不会因为幼儿高兴，它就是游戏了。当然也不会因为幼儿穿上相应角色的服装和帽子（例如厨师帽），就是角色游戏了。

27.如何设置班级的表演区才能吸引幼儿参与，并支持幼儿主动开展表演活动？

表演区如何设置、材料如何投放才能更好地引发幼儿参与的热情？表演游戏的道具是否越逼真越好？表演区应不应该放音乐，准备什么样的音乐合适？化妆品是否提供真实的？

在现阶段的创造性游戏区域中，可能存在问题最多的区域就是表演游戏区。有些班级根本就忽视表演游戏区的设置，有些班级虽然有表演游戏区的空间，但玩具材料极少，幼儿也很少有真正的表演活动开展，教师也不知道该如何指导。存在这一系列的问题，可能都与我们对于表演游戏的认识有关系。

我国学前教育学一直认为"表演游戏是按照童话、故事中的角色、情节和语言，进行创造性表演的游戏。"[1]，刘焱教授简单地概括为"它是幼儿以故事（儿童自己创编的或来自文学作品的）为线索展开的游戏活动"[2]。这样的界定让我们明确表演游戏首先是一种游戏活动，是基于幼儿自己意愿的一种自娱自乐的游戏活动；其次，表演游戏前，所有参与表演的幼儿会有一个"故事脚本"，依照这个基本达成一致的"故事脚本"进行表演活动。第三，表演游戏属于创造性游戏的范畴，所以，"故事脚本"只是推动游戏的线索，幼儿不需要完全照搬故事，而是可以添加很多自己的创造。

表演游戏和角色游戏都属于角色扮演的游戏，它们有两点不同：第一，游戏主题和内容的来源不同。角色游戏的主题和内容来源于幼儿的家庭、社会生活经验，而表演游戏的主题和内容来源于文学作品。第二，游戏内在的结构性不同。角色游戏之前幼儿不需要先有一个约定的"脚本"，幼儿可以边玩边想象，游戏情节受身边的玩具材料和伙伴的影响很大；而表演游戏之前一定会有一个"故事脚本"，而且参与表演游戏的每个人对故事的理解大致相同，才会协同

① 黄人颂.学前教育学[M].北京：人民教育出版社，1989：253.
② 刘焱.儿童游戏通论[M].北京：北京师范大学出版社，2004：502.

进行游戏。

所以，幼儿需要对"故事脚本"有前期的经验积累，才有可能进行自主的表演游戏。通常幼儿园会更强调中、大班设置表演游戏区，而小班幼儿故事经验积累少，表达表现的水平有限，自主地开展表演游戏有一定的难度。

为了支持幼儿的表演游戏自主开展，班级表演区设置时应注意以下几点：

● 选择较为宽敞的空间作为幼儿的表演游戏区，可以考虑设在寝室、活动室、走廊、门厅等任何位置。

● 最好不与需要安静的阅读区、益智区等学习性区域相邻，避免表演游戏区的热闹活动干扰相邻区域的安静、专注活动。

● 围绕近期幼儿熟悉和感兴趣的故事，布置一个突出故事主题的场景（如《西游记》中孩子们喜欢的天宫、水帘洞），投放可以进行人物装扮的服装道具等材料。（如孙悟空的金箍棒、猴装；猪八戒的钉耙、猪鼻子、猪耳朵的装饰物等）

● 投放多样的玩具材料，支持幼儿的创造性表演游戏活动。表演游戏不仅仅是再现故事，幼儿会有很多创造性的自我表达表现，所以，教师应该在表演区投放更多的开放性材料。如围巾、帽子、纸条、胶带、夹子、项链、小毛巾、布条、线绳、小袋子……这些东西可以用盒子分类装，也可以都集中在一个"百宝箱"，随幼儿自己表演故事时随时各取所需。

● 投放一个小的播放器，录入幼儿近期喜欢表演的几个故事。让幼儿自己学会操控，播放器里的故事讲述会带领幼儿自己进入表演游戏，尤其是幼儿不熟悉故事时。

图 2-11 表演游戏区
山东省潍坊市新华幼
儿园

表演游戏的服装、道具是否越逼真越好?

当然不是，表演游戏不同于舞台表演，也不是戏剧表演，它归根结底属于游戏的范畴。表演游戏和角色游戏都属于象征性游戏的范畴，以"假想"为典型代表，就是在游戏的过程中，可以把什么东西假想成什么东西。比如，幼儿可以把手里的纸棒假想成孙悟空的金箍棒，也可以把小树枝、铅笔、卷成筒的书等都假想成金箍棒，这就是游戏中很重要的象征。如果教师提供的材料过于逼真，就会影响幼儿在游戏中以物代物的假想活动。舞台表演会追求表演的生动效果和舞台的吸引力，所以，会追求尽可能真实或绚烂的服装道具，而游戏不需要。

幼儿喜欢在表演游戏前化妆打扮自己，请问化妆品是否提供真实的?

我们确实在一些幼儿园的表演游戏区看到教师提供的是真实的成人使用的化妆品，这是很不负责任的一种表现。从常识上讲，成人使用的化妆品再高级，也有很多化学添加剂，对于成人的皮肤也不见得都那么好，况且还是彩妆，而不是护肤品，肯定对幼儿的皮肤会有不好的影响。如果正好使用化妆品的幼儿皮肤过于敏感，那就更糟糕。另外，表演游戏是游戏，游戏需要的是幼儿的假想行为，假装给自己、给小伙伴化妆，几乎每个幼儿都会，为什么非要提供真实的化妆品？也有老师会跟我表述说：孩子们喜欢呀。在表演游戏区使用彩妆化妆这个问题上，无论孩子们是否喜欢都不可以。

表演区可以设置小舞台吗? 音乐歌舞表演算不算表演游戏?

很多班级的老师喜欢在表演游戏区设置一个小舞台，因为这样看起来就更像是表演了，幼儿也会有登台表演的感觉了。我个人认为表演游戏区设不设小舞台都可以，它不是表演游戏的必须前提。需要注意的是，如果班级空间有限，小舞台有可能反而会限制幼儿都参与表演。

至于音乐歌舞活动算不算表演游戏，刘焱教授认为把歌舞表演活动当成表演游戏是对表演游戏的一种误解。[①]我个人认为，如果班级没有设置音乐区，在表演区里进行音乐歌舞表演可以，因为孩子们会更喜欢。相比较而言，音乐歌舞之类的表演更简单，谁都可以表演，而故事表演难度大，而且需要小团体合作才能进行。从另一个角度讲，如果普通大众都接受音乐歌舞属于表演的范畴，我们又何必非要界定音乐歌舞表演游戏不属于表演游戏的范畴？而且歌舞类活动具有非常浓厚的游戏活动的乐趣。

在班级表演区环境创设时，如果班级面积较大，可以同时创设故事表演游戏区和歌舞表演游戏区，互不干扰，同时进行。也可以只设置一个表演游戏区，分时间段进行歌舞表演或者故事表演。

表演区应不应该放音乐，准备什么样的音乐合适？

如果是为了支持幼儿的音乐歌舞表演游戏，当然需要音乐。现阶段最糟糕的就是老师找不到适合幼儿发展水平和特点的好的儿童音乐，这不完全怪老师，现在优秀的儿童音乐，尤其是低幼阶段的音乐确实不多。在音乐选择上有难度，但仍然需要选择优秀的儿童音乐，尽量减少低俗的流行音乐；尽可能选择最近学习过的、幼儿熟悉的音乐，因为熟悉，幼儿就会更喜欢跟随演唱，也能跟随演唱。当然，音乐播放器最好简单，幼儿可以自己操控，每周在播放器里下载的音乐不需要太多，5首曲子左右即可，反复播放。每周再去掉2首，新增加2首，循环往复即可。

① 刘焱.儿童游戏通论 [M].北京：北京师范大学出版社，2004：504.

28.建构游戏区必须投放积木吗？每个班投放多少算 适宜？

建构游戏区仅有拼插的积塑玩具行不？

结构游戏（本书一直使用建构游戏的名称）又称建筑游戏，是创造性游戏之一。是使用各种结构材料，通过想象和手的造型活动，构造建筑工程物体的形象的活动①。

从上面的界定中，可以发现建构游戏的材料其实可以很多元，比如：

● 专门的建构材料，如积木、插塑、胶粒、花片等；

● 自然的建构材料，如沙、石、土、雪等；

● 废旧物品的建构材料，如瓶子、纸盒、纸板、纸杯等。

如此说来，创设班级建构游戏区域时，一方面需要注意空间宽敞、地面平整；另一方面需要注意投放多元的建构游戏材料，以支持幼儿自主的建构活动。无论是哪一类的建构游戏材料，都应该让幼儿有机会体验和尝试。

我也走过不少幼儿园，仅有拼插的塑料积塑玩具，没有积木玩具，这是很大的一个缺憾。现阶段市场上可以买到很多种类的塑料的积塑玩具，颜色鲜艳、花样繁多，价格便宜，所以会首先被幼儿园相中。但仅有插塑玩具是不够的，幼儿园每个班级都必须要配备搭建的积木玩具（木制的建构游戏材料），插塑不能代替枳木，它们在使用的过程中所需要的技能不一样，发展的价值点是不一样的。

① 刘焱.儿童游戏通论 [M].北京：北京师范大学出版社，2004：504.

积木游戏的学习和发展功能[1]

幼儿学习与发展的领域	积木游戏的功能
主体性	主动性、独立性、计划性、创造性、胜任感、自信心、自主性
健康	眼手协调、手的精细动作和大肌肉活动的协调；搬运重物时身体重心的变化、携物行走的能力
数学	形状；空间关系（距离、方向）；数量概念和数量关系（多少、相同/不同、相等/不相等、对称/不对称）；分类、排序、配对；测量（大小、长度、高度、宽度、深度、面积、体积）；模式
科学	物体特性（材料和质地等）；力的相互作用、引力；倾斜、平面、斜坡；结构与功能（稳定性、重量、平衡）、系统；尝试与探索、试验、发现与归纳
语言	表征、描述、设计与计划、标志、整理
艺术	美感（型式、对称、平衡、均衡）、想象与创造
社会学习	社会环境和功能；人的活动与相互关系；对他人劳动的尊重；合作、分享、规则、秩序

因为积木所具有的形状特点和功能特点，以及其使用过程中的灵活性、变化性、多样性，通过积木游戏，幼儿可以学习数学、科学等各个领域的经验，体验和建构自己关于这个世界的认知，发展美感，培养良好的学习品质。所以，积木不仅仅是幼儿游戏的玩具，同时也是幼儿自主学习的重要材料，具有插塑玩具不能替代的价值。

---

① 刘焱.儿童游戏通论[M].北京：北京师范大学出版社，2004：531-532.

请问每个班投放多少积木算适宜？我们园长为了省钱，买了一套积木，分到了三个班，每个班只有50多块积木，孩子们也只用来垒高，确实不够玩的，我们不知道该如何说服园长多投入积木。

现阶段因为财力有限，确实还存在某些幼儿园买不起积木的现象存在。也有些幼儿园看到别的幼儿园配备了积木，就也买了一部分积木，但分配到各个班级时数量却远远不够。

每个班投放多少积木算适宜？——迄今为止，并没有任何研究给出一个准确的数据。通常我会建议幼儿园每个班至少配一套不少于 300 块的积木。如果幼儿园不受财力限制，空间也比较大，当然积木材料多一些会更好。因为这样就可以容纳更多的幼儿加入积木游戏之中。如果每个班只有 50 多块积木，还不够一个幼儿玩的，怎么可能允许幼儿进行团体合作，搭建像公园、社区、图书馆、立交桥这样大型的建构主题？

上面的幼儿园不是个例，有研究显示，现阶段幼儿园园长对玩教具配备规范的了解和认知程度非常低，幼儿园配备的积木数量普遍较少。在所调查的班级中，44.57% 的班级没有配备中型积木，26.29% 的班级配备的积木不足 100 块。总体上，82.29% 的班级配备的积木不足 200 块。当班级积木数量低于 200 块时，幼儿的积木游戏时长明显缩短，搭建水平降低，负向社会交往频次增加。[①]

投放积木时，必须同时投放奶粉桶、易拉罐、纸杯、纸盒等辅助材料吗？

这位老师的问题中提到了"辅助材料"，"辅助材料"一词的含义，一定是相对于"主体材料"而言的。在建构游戏中主要使用的材料、搭建建筑物主体的材料就是"主体材料"，主体材料可能是积木，也可能是插塑、纸杯、纸盒等。如果建构区域主要的材料就是奶粉桶、易拉罐、纸杯、纸盒等，幼儿主要选择这些材料进行搭建,那么,这些材料不是辅助材料,而是建构的主体材料。

---

① 潘月娟 刘焱 杨晓丽.幼儿园玩教具配备规范的内容与实效分析——以积木配备为例 [J]. 学前教育研究，2016.（7）

对于实在没有钱购买积木的幼儿园来讲，使用这些废旧物品材料，也包括石块、砖头、玉米棒等自然材料，是没办法的选择。对于有充足的积木材料的幼儿园孩子们来说，偶尔尝试一下这些材料是一种独特的体验，而没有积木，只有这些材料是一种无奈。

相对于积木这种"主体材料"来讲，再投放几个人偶、动物玩偶、几棵玩具树玩具、几辆玩具小汽车等，就属于"辅助材料"。这些材料有助于幼儿建构游戏主题的确定，也有助于幼儿开展以积木搭建为基础展开的象征性游戏，提升幼儿建构游戏的兴趣。辅助材料也包括纸、笔、交通标志、建筑物图片等材料。投放辅助材料时应注意不宜过于新颖刺激、不宜太多，否则容易"喧宾夺主"，分散幼儿的注意力。

案例

立交桥搭建与小汽车

积木搭建区投放了很多小汽车，今天进入建构区的小朋友一致商议要搭建立交桥。他们开始摆放长条积木，成为一条长长的路。有孩子不满意，开始拿着小汽车在路上跑，一边跑，一边喊着"上桥了……"，其他几个孩子立刻开始架空，在第二层上搭桥，越来越长。慢慢地，几乎每个孩子都开始拿着小汽车在桥上推动着玩，嘴里还发出"滴滴""嘟嘟"的声音，桥上挤得满满的都是小汽车。

这个案例中的小汽车作为辅助材料，一开始引导着幼儿确立搭建立交桥的主题，又引导着幼儿从一层到两层，起到了很好的辅助搭建的作用，让幼儿的搭建游戏具有非常明确的指向，也提升了幼儿搭建的兴趣。可是，搭建区里投放的将近40辆小汽车，慢慢地，开始"喧宾夺主"，孩子们不再进行搭建的积木游戏，而是玩起了小汽车。如此说来，小汽车不再推动幼儿的建构游戏，反而分散了幼儿建构游戏的兴趣。

图 2-12 建构游戏区——山东省商务厅幼儿园

图 2-13 设置在寝室里的建构游戏区——
山东省淄博市实验幼儿园

图 2-14 利用走廊设置的建构游戏区——山东省淄博
市市直机关第三幼儿园

29.如何创设美工区、投放美工区材料?

美工区是所有幼儿园、所有班级都会设置的首要区域，第一，因为幼儿喜欢。几乎没有幼儿会不喜欢涂涂画画的，因为这是 6 岁以前儿童的主要表达方式之一。第二，美工区建设并不复杂，只要能让幼儿画起来，投放简单的纸笔，初步的美工区就建设起来了。第三，因为幼儿喜欢美工区活动，所以，相对会比较安静和专注，这样的状态会让所有的老师感觉放松和舒服。第四，美工活动不仅仅发展审美能力，同时也有助于幼儿精细动作、手眼协调、使用工具、认知、思维、想象力等能力的发展，也有助于培养幼儿专注、坚持、独立、创造等学习品质。美工活动同时也具有静态的心理调节作用，让幼儿感觉到和谐、放松、平衡、平心静气的美好。

美工区的活动可以很丰富，主要包括绘画和手工。绘画简单地从绘画工具进行划分，可分为彩笔画、蜡笔画、粉笔画、印章画、毛笔画、棉签画、手指画、吹画、滚画、喷洒画等；手工主要包括泥工、纸工（折纸、剪纸、纸雕）、立体塑造和自制玩具等。美术欣赏也不是不可以，只要班级具有美的装饰和美的作品，无论是否悬挂在美工区，幼儿都会欣赏。区域活动更强调操作性、互动性，所以，教师可以主要从绘画和手工活动两个方面投放区域材料，布置区域环境。

如果班级空间较大，教师可以创设一个较大的美工区，再根据活动内容划分成不同的小区，如绘画区、扎染区、折纸区、泥工区等，不需要刻意隔离，每张桌子就是一个小区域。如果班级空间有限，可以先固定一张桌子作为美工区的操作桌面，再根据每天选择区域的幼儿人数做适当的动态调整。人数多的时候，增加操作桌，在原来的空间上往外延展，灵活动态调整即可。

图 2-15 美工区——山东省淄博市市直机关第三幼儿园

美工区材料比较多，是一次性投放好，还是分类逐步投放好？

在小班初期美工区建设时，可以和美工教学活动同步，分类渐次投放美工区材料，这样有助于幼儿自主地开展美工活动。如果幼儿不熟悉材料，从来没有进行过某种材料的美术活动，就不急于投放美工区，可以先进行美术教学活动，之后再投放美工区，鼓励幼儿继续尝试。如果是中大班的美工区，大多数的美术活动幼儿都已经尝试过，美工区创设时，就可以一次性投放所有美工材料，同时满足幼儿选择绘画或者手工活动的个体需要。

因为每个班级的空间有限，其实很难同时开展所有的美术活动，所以也很难一次性投放所有的美工材料。通常，美工区会投放各种笔、各种纸、颜料等基础性材料和剪刀、胶带、双面胶等工具，开展美工区活动之后，教师跟进观察，再慢慢追随幼儿添加材料最好。

在自主的区域活动中，我们需要按教学主题投放美工区材料，开展美工区活动吗？

对于班级教师来讲，按照教学主题的目标和需要逐步增加区域材料，是很好掌握的一种材料调整和丰富的方法，需要注意的是：第一，材料投放考虑主题教学的同时，必须考虑幼儿的兴趣和实际能力。第二，材料投放之后不勉强幼儿必须操作，幼儿在区域里的活动永远具有自由选择的权利。

在美工区教师是否可以提供范例？如果提供，是否会影响幼儿自主的想象力和创造力？

在美工区，教师可以提供范例，但是，必须根据需要提供适宜的范例，范例不等于范画，幼儿的绘画活动基本上不需要教师的范画。《指南》艺术领域教育建议中强调"幼儿绘画时，不宜提供范画，特别不应该要求幼儿完全按照范画来画。"提供范画让幼儿描摹，是幼儿阶段美术教育的大忌，因为幼儿期美术教育的核心是感受美、欣赏美和创造美，而不是表面的绘画技能的提升，所以，教师应该尊重幼儿自发的表现和创造，为幼儿提供丰富的材料，鼓励幼儿用自己喜欢的方式去表达和表现。在《指南》很多领域的教育建议中出现的词汇大都是"和幼儿一起发现""引导幼儿观察发现""鼓励幼儿自己尝试""尊重幼儿的自发表现和创造"……强调幼儿的主体性、创造性和个体差异性，这是现代教育发展必然追求的价值观。

尽管如此，《纲要》和《指南》都不反对教师对幼儿的示范和引领，幼儿的年龄和认知发展特点决定了模仿仍然是他们学习的主要方式之一。所以，美工区根据幼儿年龄特点、活动内容、教具材料的不同等，灵活地运用范例作为教师对幼儿自主活动的引领仍然值得推荐。比如，折纸的步骤图、扎染的步骤图等就是范例。这种类型的活动的开展，开始时不能单纯靠幼儿自己的创造，需要幼儿掌握基本的方法和步骤，在此基础上，再进行创造性发挥。

幼儿园阶段孩子们的很多创造属于"有中生有"，而非"无中生有"，若想让幼儿有更多的创造，还需要让幼儿有更多的机会输入各种信息。

但是如果教师不教，只是把材料摆在那里，幼儿不会操作，还是不选择，怎么办？

投放新的美术材料，开始一种新的美术活动时，最好结合教学活动，在教学活动之后投放最好。若没有教学活动在前，那么也可以在区域活动开始前对幼儿进行新材料推介。如果新材料的操作比较简单，推介时教师可以简单介绍操作要领和注意事项；如果操作比较复杂，教师就需要示范，或者借助于视频等媒介，帮助幼儿掌握新材料的使用方法。即使教师推介过新材料的使用方法和注意事项，在幼儿进入区域活动时，这个区域里的新活动仍然是教师观察和指导的重点。

30.益智区投放什么样的材料才能吸引幼儿主动参与活动？

我班区域活动时，若让幼儿自由选择，益智区经常会成为"冷

门区"，请问，投放什么样的材料才会让幼儿喜欢上益智区？

益智区属于比较典型的学习性区域。通常教师会根据发展目标的需要投放相应的玩具和材料，以期实现幼儿在感知觉、思维能力、数学和科学学习等方面的发展目标。如果班级没有专门的科学区、数学区、语言区，那么，幼儿在这些领域的自主学习的材料都可以归到益智区域中。

益智区的材料主要包含以下几种类别：

(1) 发展感知觉的材料。如倾听和猜声音（听觉）、奇妙的口袋或摸箱（触觉）、闻一闻是什么（嗅觉）。蒙台梭利非常重视对幼儿的感知觉教育，蒙氏教室里会有很多种发展幼儿感知觉的材料，大家可以借鉴。

(2) 发展观察能力的材料。如找相同、找不同的游戏材料、配对游戏材料等。

(3) 发展观察和空间知觉的材料。如走迷宫的游戏材料（平面迷宫、立体迷宫）、拼图的游戏材料（图案拼图、几何图形拼图）、俄罗斯方块游戏材料等。

(4) 发展观察和记忆力的材料。可以选择实物、图片、玩具等任何材料，数量从少到多，让幼儿快速观察、记忆、再现，对幼儿进行专注力、记忆力方面的培养。

(5) 七巧板、魔方、魔尺、鲁班锁等创意变化材料。这一类的材料通常需要幼儿反复操作，在操作中感知变化和创造。

(6) 扑克牌、棋类游戏材料。这一类的材料既可以作为单纯的娱乐游戏材料，也可以作为数学学习和思维培养的游戏材料。如扑克牌可以比大小，也可以进行相邻数、序数、数的组成和加减运算等数学游戏活动。

(7) 专门的益智玩具材料。现阶段很多玩具厂商都会针对幼儿观察力、记忆力、逻辑推理能力、数学学习等研发很多益智玩具，各位老师上网搜，会搜到很多益智玩具，比如：海盗船、快乐农场、指环套套、蜘蛛三兄妹、奇鸡连连、百变魔法箱等。[①]

(8) 专门的数学操作材料。如果班级没有专门的数学区，那么，益智区可

---

① 刘焱 刘华蓉.幼儿园里的"三研究"（玩具篇）[M].武汉：长江少年儿童出版社，2017：240-241.

以投放各种类别的数学学习材料。这一类材料可以购买到很多成品材料，教师也可以根据教学内容的需要，自制一部分。

(9) 专门的科学实验材料。 如果班级没有专门的科学区，幼儿科学实验的操作材料也可以作为益智区材料投放。

图 2-16 益智区玩具材料——山东省淄博市市直机关第三幼儿园

图 2-17 益智区游戏——山东省淄博市市直机关第二幼儿园

我班区域活动时，幼儿对益智区的一些学习内容的材料不感兴趣，如语言区看图说话的材料、数学区加减运算的材料、科学区植物花朵与叶子配对的材料等，如何改善这种情况？

在很多幼儿园的区域活动中，益智区都很容易成为"冷门区"。和创造性游戏区域的热闹相比，益智区的"冷""静"并不奇怪。原因如下：

第一，游戏具有想怎么玩就怎么玩的"魔力"，人人都喜欢这种自由自在。而益智区的很多活动需要按照一定的套路玩，相比较而言，就没有那么有趣了。

第二，益智区的活动很多都需要幼儿付出智力上和意志上的努力，具有一定的挑战性，自然不像游戏那么轻松好玩。

第三，益智区的活动很多需要个人安静完成，有些属于 2~3 个人的比赛，通常不像创造性游戏，可以四五个小朋友在一起说说笑笑、跑跑跳跳。

尽管如此，因为益智区的活动蕴含感知觉、思维发展、经验拓展的发展目标，对于幼儿今后的学习具有重要的影响，所以，教师还是应该重视益智区的创设，吸引幼儿主动参与到益智区活动中来。

● 益智区尽量与较热闹的游戏性区域间隔开，或者把学习性区域活动与游戏性区域活动分上午下午两个时间段里进行，避免相互干扰。

● 益智区创设时注意相对封闭、安静，有利于幼儿专注于操作和探索活动。

● 教师与幼儿有更多的讨论和分享，也会让更多的幼儿喜欢上益智区的活动。

● 调整益智区投放的活动材料，让其更具有适宜性、趣味性和吸引力。

益智区活动材料在选择和投放时，应注意以下几点：

(1) 可以根据主题教学的需要逐步补充益智区材料，但益智区不是教学活动的复习巩固区域，不需要完全对应教学活动的目标和需要。上面那个老师表述的"如语言区看图说话的材料、数学区加减运算的材料、科学区植物花朵与叶子配对的材料等"，听起来更像是教学活动的内容，而不太像是益智游戏活动，也难怪幼儿不喜欢。

(2) 益智区活动材料选择和设计时注意难易适中。因为区域里的活动是幼儿自主的活动，教师不一定能跟上每个幼儿进行指导，如果操作材料难度很大，很容易让幼儿有挫败感，从而，对益智区的活动都望而生畏。但若益智区的活动都很简单，缺乏挑战性，也会让幼儿玩过一两次之后就感觉很没意思。所以，保持益智区活动材料具有适宜的挑战性很重要。亦或是让益智区的活动材料具有清晰的层次递进性，不断激励幼儿往前走。

(3) 适当增加操作活动的情境性，会让活动更具有吸引力。益智区的活动一般都是通过对材料的操作实现幼儿智能的发展目标，有些活动如果直接让幼儿反复操作，幼儿很快就会丧失兴趣。但若在一定的情境中进行操作，就可能会充满乐趣。如，仅仅让大班幼儿练习10以内数的加减运算，很少会有人感兴趣。但若是在闯关寻宝游戏中，每一关都要解决一道难题，那幼儿就可能会很感兴趣。

(4) 把操作活动设计成有趣的益智游戏，注重趣味性、操作性和变化性。益智区中既可以投放购买的成品益智玩具，教师也可以根据教学需要设计一些活动，若这些活动富有趣味性、操作性和变化性，幼儿就会很喜欢。

(5) 设计时适当增加竞赛、合作与交往。 幼儿喜欢与小伙伴一起玩，选择区域时也很容易受同伴的影响，有时候幼儿喜欢某个区域里的活动仅仅是因为某个小伙伴，所以，如果益智区的活动材料在设计时能满足几个人一起玩，就可能会吸引很多幼儿。对于大班幼儿来讲，如果活动具有竞赛性，也会吸引他们参与，尤其是男孩子喜欢挑战和对抗性活动。

案例

大班益智区活动：种花生①

活动目标

1. 尝试运用数的分解与组合经验解决游戏情景中的问题，体验5以内数的多种分合方法。

2. 理解并遵守游戏规则。

活动准备

1. 仿真塑料花生（花生粒）和小圈若干，花生地（九宫格纸板），骰子两个（骰子上六个面的点子分别是5、5、5、3、3、2）。

2. 磁性板、记录纸。

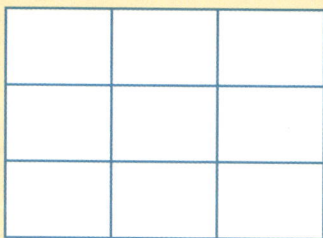

花生地

玩法与规则

玩法一：请小朋友掷骰子并根据骰子上点子的数量取花生，将花生种在花生地里。每块地里只能播种四颗花生，满四颗花生后，

①方明 董旭花.幼小衔接教育活动指导（教师用书 上册）[M].济南：山东电子音像出版社，2017：45-47.略有改编。

用圈把花生围起来表示完成播种，属于自己，记录下来，最终看谁种的地最多。

规则：根据点子数量取花生，可以将花生全部种在一块地里，也可以将花生分一分播种到两块、三块或更多的花生地里，但每块地里的花生数量不能超过四颗。如果花生数量超过四颗，必须重新播种。

玩法二：分组游戏，比比哪队花生种得快。

幼儿分两组玩种花生的游戏（出示两片花生地），幼儿分成红黄两队，一个接一个掷骰子并根据骰子上的点子数量取花生、种花生，最后看哪一队先将花生地种满，先种满的队为胜。规则同第一次游戏。

延伸与拓展

可改变骰子上点子的数和每块地只能种几颗的规则，组织幼儿进行 10 以内数的分合练习。

31.阅读区如何设置才会激发幼儿热爱阅读？

我班有个阅读区，但区域活动时很少有幼儿选择阅读区，请问应该如何创设阅读区环境？什么样的图书是孩子们喜欢的？

无论是教师，还是家长都认同阅读对幼儿发展的作用，伴随信息时代的到来，每天暴增的信息让人应接不暇。阅读和处理信息的能力对每一个现代人都很重要，而阅读能力就是最基础的一种认知能力、学习能力和发展能力。

阅读区作为幼儿园学习性区域的一种，对于幼儿自主阅读能力的提升、知识面的拓展、学习品质的养成都具有重要的作用。所以，应该重视班级阅读区的建设和幼儿自主阅读活动的开展。

遗憾的是，迄今为止，仍有一部分幼儿园的阅读区不被重视，存在图书极少、缺乏高品质的图画书的问题，自然阅读区就缺乏对幼儿的吸引力。

班级阅读区创设时，应该考虑以下几点：

- 选择光线较好的位置设置阅读区。
- 阅读活动需要安静和专注，避免与热闹的游戏类区域相邻。
- 投放适宜的丰富的图画书。
- 阅读区最好设桌椅，有助于幼儿养成良好的阅读习惯，尤其是身体姿势。

我们也知道阅读区应该投放优质的图画书，但是如何选择适宜的图画书？什么样的图画书是孩子们喜欢的？

对于 6 岁前的孩子来说，图画书是最适合的阅读材料，这应该是所有幼教人的共识。但确实在实践中发现很多幼儿园阅读区投放的阅读材料存在问题，有些是因为观念问题，教师和家长都喜欢买拼音读物，而不是图画书；有些是因为财力问题，优质的图画书价位较高，买便宜的儿童读物可以多买几本书，可以应对上级的检查评估（很多评估标准中仅有图书数量上的要求，无图书质量要求）。

教师在为幼儿挑选图书时，应遵循幼儿心理发展的内在规律，了解不同年龄段的幼儿喜欢什么样的图画书，以及为什么喜欢，才有可能为班级阅读区添加适宜的图画书。

(1) 考虑小中大班的年龄差异。年龄小的幼儿会更喜欢熟悉的、内容浅显、情节简单、重复、人物外形特征突出的图画书。而伴随年龄的增长，幼儿会更倾向内容较为复杂深奥、情节较为曲折的图画书，知识类图画书也越来越受到孩子们的欢迎。

(2) 兼顾男女不同性别的差异带来的选择偏好上的差异。有研究发现，男生偏向激烈性的角色，女生则偏向含有温柔特质的角色。男生对刚硬的角色比较感兴趣，喜欢看老虎、狮子，或者钢铁侠、超人之类。而与这些包含阳刚之气的形象相比，女生就比较喜欢温柔一些的，比如小兔子。大中班幼儿的性别角色认知水平逐年增高，开始明白性别角色具有恒常性。因此，幼儿会做出符合自身性别特征的选择。[①]

(3) 幼儿园应该提供内容丰富、覆盖面更广一些的图画书，如益智类、文学类、社会类、科学类及艺术类等各类图画书。无论是从幼儿全面发展的角度看，还是从幼儿不同个性和兴趣需求的角度看，只有班级中投放涵盖各种内容、各种表现形式、使用各种美术媒介的图画书，才有可能满足幼儿自主阅读的需求。

(4) 选择富有幽默色彩和游戏趣味性的图画书。有研究发现不同年龄段的幼儿都表现出喜欢具有游戏性质的图画书，而游戏与图画书阅读有诸多共同特点，所以，教师应关注图画书的游戏性质，尽量选择那些从装帧到内容都体现了可供幼儿游戏特点的图画书。[②]

(5) 不断补充和更新阅读区的图画书，扩大班级图画书的容量，满足幼儿自由选择的需要。若幼儿每天重复翻看固定的、有限的几本图书，随着时间的推移，必然会对阅读区失去兴趣。

阅读区摆放桌子椅子好，还是只是铺地垫和靠枕？孩子们喜欢趴在地上读书，但他们好像更喜欢在地上滚来滚去，慢慢就演变成打打闹闹了，到底应该如何做？

阅读区原来都是桌子椅子，幼儿坐在桌边读书，后来有的幼儿园开始改革，为了让阅读区更吸引幼儿，撤掉桌椅，铺设地垫或地毯，投放色彩艳丽的抱枕或靠垫，幼儿可以坐、可以躺、可以趴着看书。确实这样的改革，让阅读区更吸引人了，但就像这个老师说的，"他们好像更喜欢在地上滚来滚去，慢慢就演变成打打闹闹了"，如此说来，这样的设置不仅无助于幼儿的阅读，反而可能诱导幼儿嬉戏打闹，那这样的设置就有问题。我个人建议阅读区设置桌椅，以更好地帮助幼儿养成良好的阅读习惯，尤其是阅读时保持良好的身体姿势。吸引幼儿进入阅读区，更应该依靠的是优质的图画书。

[①] 韩汶言等.探究幼儿自主阅读绘本时的选择偏好———以新竹市彩虹班为例[J].西部素质教育，2016（8）：123.

[②] 刘玉红.关于幼儿对图画书的选择偏好的研究[J].天津师范大学学报（基础教育版），2018（7）：88.

阅读区可以投放手偶、布娃娃、毛绒动物玩具，以支持幼儿阅读后的表演活动吗？

我个人认为阅读区还是应该以安静、专注阅读为主。如果要表演，可以另设一个区域。至于是否要投放手偶、布娃娃、毛绒动物玩具，教师可根据自己班级幼儿的需要而定。对于某些内向、拘谨的幼儿来讲，抱一个布娃娃读书会让他更自在和踏实，也未尝不可。但如果投放的布娃娃、毛绒动物玩具，没有支持幼儿的阅读，而是分散了幼儿的注意力，导致幼儿不能专注阅读，那就需要撤掉。

另外，教师对于年龄小的幼儿在区域中的自主阅读，应有合理的期望。一个小班幼儿能够在阅读区安静读 5~10 分钟的图书，已经很好了，他可以自由转换到其他区域的其他活动，而不是非要待在阅读区坚持 40 分钟。不允许幼儿换区域、要求每个选择阅读区的幼儿必须待在阅读区坚持 40 分钟，只会伤害幼儿对于阅读区的兴趣和阅读热情。

32.如何设置生活区才能吸引幼儿？

生活区就是让幼儿学习用勺子、筷子等生活技能吗？好像孩子们并不太喜欢这些简单、重复的技能练习活动。应该如何设置生活区，投放什么样的材料，才能吸引幼儿进入生活区？

生活区是幼儿在区域中进行的生活模拟活动和生活技能学习活动。再次重复一下，在生活区虽然幼儿可以穿戴起来像成人一样，模仿成人的活动，但它不是角色游戏，生活区属于学习性区域活动之一。幼儿在生活区主要是体验真实的生活，学习真实的生活技能，而不是假想的游戏活动。

生活区的活动内容很丰富，投放的材料也可以很多元，如：

● 使用餐具的技能和动作练习，如使用勺子、筷子、食物夹子、刀叉等；练习舀、夹、倒水、端盘子等动作技能。

● 学习系扣子、系带子、编辫子等动作技能。

● 使用简单的厨房用具和动作技能，如使用刀、锅、铲子等，学习切、装盘子、端锅、倒出食物装盘、添加调料等动作技能。尝试自己制作和品尝水果沙拉、蔬菜沙拉等活动。

● 学习使用豆浆机、果汁机等简单的厨房小家电。若可能也让幼儿体验一下老式用人推的石磨是如何磨细豆子和粮食的。

● 体验制作面点、糕点等简单的烹饪活动。

● 尝试剥瓜子、松子、花生、核桃等干果或其他坚果，学习使用一些小型工具。

● 学习缝纫、刺绣、编织等简单的工艺活动。

● 学习洗手绢、洗衣服、洗玩具、挂衣架等简单的生活劳动技能。

● 学习使用剪子、钳子、螺丝刀、锤子等劳动工具。

图 2-18 生活区——山东省跃华学校幼儿园

图 2-19 生活区——山东省济南市育贤第一幼儿园

看起来，生活区活动内容很多，那应该如何设置生活区？一次性投放这么多材料，开展这么多活动不可能啊。

是的，生活区的内容很丰富，而且对于幼儿很有价值。我们经常会讲"生活即教育"，而现今的教育很容易脱离生活。班级内设置的生活区，或者幼儿园特设一个生活馆，其意义都在于保障幼儿有机会接触真生活。在生活中学习独立和合作；学习思考和解决问题；也学习服务自己；服务他人。

生活区活动内容的确定，以及投放的工具和材料，没必要一次性投放那么多，可以分阶段渐次更换和填充。比如：

小班上学期：

9 月：投放大小、材质不同的各种勺子，练习使用勺子，用勺子盛食物和运送食物。

10 月：再添加大大小小各种夹子，尝试用夹子夹食物，为自主取餐做好准备。

11 月：再添加餐盘、水壶、水杯等材料，学习倒水、端水、端盘等生活技能。

12 月：再添加各种扣子材料，学习系扣子的技能，为自己生活自理和装扮娃娃做好准备。

一般来讲，每个区域容纳的人数是 4~6 人，所以，生活区可以同时投放 2~4 种材料，每种材料重复 2~4 份。可以每个月增加一份新的材料和新的学习内容，渐次丰富生活区的材料。

生活区的材料必须是真实的（不要塑料玩具），如果可能，尽可能选择适合 6 岁以下儿童规格的安全的工具和材料。

我班孩子们不太喜欢简单、重复的技能练习活动，怎么办？

任何简单、重复的技能练习活动，都会让幼儿厌烦，所以，生活区设置时，可以考虑以下几点：

(1) 结合班级的生活活动进行练习。如练习系扣子，可以在午睡上床时和起床时，结合幼儿自己穿脱衣服，多次练习。也可以在晨间入园时，练习脱衣服、叠衣服的活动。

很多幼儿园的生活区也是幼儿加餐点的区域。上午和下午的加餐可以利用区域活动时间完成，不需要专门再安排时间。

(2) 设置情境，让幼儿在一定的情境中进行技能练习。比如，生活区可以投放一些小动物玩偶，或者小动物头部图像，让幼儿练习用勺子和筷子给小动物喂食，幼儿就会很感兴趣。

(3) 结合游戏，让动作技能的练习游戏化。有些生活技能的练习可以和角色游戏结合，就会更有趣。有些生活技能练习，教师可以设计成竞赛性游戏，就可能会更吸引中大班幼儿参与。

(4) 不要求幼儿在生活区的活动刻板地待 40 分钟。就像阅读区一样，幼儿在生活区操作一种工具或材料 5~10 分钟后，想要离开，没问题。他可以再选择其他区域的活动继续。

33.科学区必须设置吗？如何设置科学区、投放什么样的材料更合适？

我们班级没有科学区，只有几个万花筒和小镜子，老师们也不知道科学区应该让孩子们玩什么，请问科学区到底该如何设置？不同的年龄班投放不同的材料吗？

科学区不是必须设置。但是，如果有了科学区，会让幼儿有更多有趣和有意义的选择。如果班级空间有限，也可以与益智区合并在一起创设。

对于小班的幼儿来讲，科学区可有可无，但对于中大班幼儿来讲，最好设置专门的科学区。

一般来讲，科学区可以分为两部分：科学操作区和自然观察区。科学操作区以实验操作和科学探究活动为主，而自然观察区以对动植物的观察、记录和照料为主，我国幼儿园传统上也叫自然角。

图 2-20 科学操作区——山东省淄博市市直机关第二幼儿园

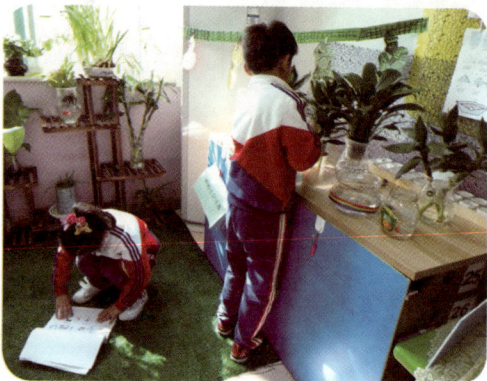

图 2-21 自然观察区——山东省济南育贤第一幼儿园

科学区创设时应注意：

● 科学操作区的实验操作活动可能需要水、电、光，所以，科学区最好临近水源、电源、光源。如果不能临近，也要帮助幼儿解决水电光的问题。

● 自然观察区种植的植物和饲养的动物都需要阳光，所以，最好设置在阳台，或向阳的位置上。

● 科学区需要幼儿安静、专注地进行实验或操作活动，所以，最好独立设置，避免与其他活动相互干扰。如果科学区与益智区合并设置，也需要一个专门的橱柜存放材料，一张独立的桌面供幼儿进行实验操作。

● 科学区的操作材料应按照每一种活动的内在结构和需要有序存放，避免一个筐子·内装满不相干的各种材料。

● 科学区材料可以根据幼儿的发展，渐次丰富，不同的年龄班螺旋式不断上升。

● 尽可能投放丰富的科学探究材料，满足幼儿的好奇心，给予幼儿实验操作的机会。

我们也很想把班级科学区做起来，可是不知道该投放哪些材料，也不知道科学区的材料从哪儿获得。

科学操作区的活动内容如下：水和沙、空气与风、声音、电和磁、光与影、平衡和力等内容的实验操作，如纸的吸水性的对比实验、颜色的变化的实验操作、摩擦力与运动速度的对比实验、小灯泡亮了的实验操作等。相应的，区域里就可以投放与活动相关的实验材料。

自然观察区的活动内容如下：观察和种植植物、观察和饲养动物、天气观察记录等。区域里可以投放的主要材料就是各种小型动物、喂养的食物、清扫的工具等；适合室内种植的植物、浇水工具、放大镜、记录本、笔等。

有些实验材料必须购买，比如放大镜、万花筒、磁铁、干电池等，而很多实验操作材料可以来自生活，比如：纸、杯子、瓶子、搅拌棒、木板、纸盒等。现在也有些公司会专门制作一些科学区的玩具和材料。

科学区应该多个活动内容的材料一起提供？还是一种活动、一种活动地更换材料？

在科学区投放的材料可以跟着主题教学的内容走，依据教学活动内容扩展材料投放，比如中班在进行磁铁的教学活动之前或之后，可以在科学区投放与磁铁相关的各种材料，满足幼儿探索的需要。教师也可以根据幼儿的阶段性兴趣投放，但一次投放的材料不宜多而杂乱，小班一般 2~3 种活动内容的材料，中大班一般 2~5 种活动内容的材料即可，材料的种类太多，容易导致幼儿的活动失去指向性，出现仅仅玩材料，而不是探索材料，或利用材料和工具进行科学探究的问题。①

　　教师还要注意，在科学区投放的同种类的材料应该多一些，一方面避免幼儿争抢材料，另一方面有利于幼儿同时进行实验操作，相互交流与分享发现的结果。比如磁铁有 5~10 块，用磁铁探索的材料 1~3 筐；放大镜 2~5 个，用放大镜观察的物品 5~10 件。

34.区域材料如何收纳和摆放才能让班级不乱？

　　区域材料如何收纳才能让班级不乱？我班保育员老师经常会抱怨区域活动结束之后玩具橱内太乱，尤其是角色游戏区的材料又多又碎，该怎样收纳和摆放才能更有助于幼儿做到物归原位呢？

　　这真的是一个两难问题，若要区域材料丰富，支持幼儿各种活动，还需要满足幼儿自由自在的选择和活动，班级环境就看起来会有些乱。可是，若区域材料只是有限的几种，班级环境看起来倒是整洁了，可是却很难满足幼儿的自由选择和全面发展的需要。所以，班级教师需要共同调整观念，为幼儿营造一个更好的发展环境。

　　(1)围绕幼儿发展的核心理念，调整对班级环境的整洁有序的合理的观念。

　　一个班级若有 30 多个 3~6 岁的幼儿，他们活泼好动，喜欢游戏、喜欢操作材料，喜欢伙伴间的交往……这样的班级若始终保持整洁有序，一定有问题，一定是压抑幼儿天性的。这就像我们家庭中养育孩子，即使只有一个孩子，家里的环境也一定比没有孩子的家庭乱很多。如果父母始终要求孩子保持环境整洁，可能会养育一个有问题的孩子。所以，班级的教师和保育员，尤其是幼儿园的管理者，应该调整对班级环境的要求，"整洁有序"是一个相对概念，应

①董旭花等.幼儿园自主性学习区域活动指导[M].北京：中国轻工业出版社，2014:165.

在有助于幼儿发展的理念下保持环境的整洁。另外，再多说一句，就我走过的幼儿园而言，大概我们国内的幼儿园室内是最干净的，孩子们的衣着也是最干净的。去日本参观幼儿园时，一个大学老师谈起自己的孩子在日本上幼儿园的经历和感受，说若孩子每天回家时衣服干干净净的，日本的父母会怀疑幼儿园老师不负责任，并没有满足幼儿必须的户外活动。凡事必有其两面性，整洁是为幼儿的健康负责，过于讲究整洁，是否又是对幼儿的一种束缚呢？

(2) 需要合理规划和利用班级空间。

班级空间的合理规划和使用是整洁的前提。有时候班级里的乱，并不是玩具材料太多，而可能是我们把东西摆在不该摆放的位置了。另外，两室配套的班级和三室配套的班级是不一样的，面积大的班级和面积小的班级是不一样，所以，班级老师需要根据自己的实际情况规划班级的所有空间，让幼儿的学习、游戏、生活都从容有序开展，让班级所有的物品和区域材料都能有序摆放在最适宜的位置。

(3) 管理者需要为每个班级提供设计合理的、适宜的收纳橱柜。

任何班级的乱，都与收纳方式有关系。现在我们走进大多数幼儿园的班级，一般区域材料都收纳在两层或三层的开放式橱柜里，橱柜几乎都一个模样，也几乎都一种规格。其实，这本身就很奇怪，不合逻辑。因为所有的老师都知道小中大班幼儿的身高差异很大，自我管理的能力差异也很大；班级的人数也不完全相同；每个区域里的材料无论是外形还是大小、长短、高矮都不同，需要呈现的方式也不同，区域里的材料也不是都同时需要……如此说来，区域材料的收纳方式和呈现方式都应该不同才对。所以，管理者需要为每个班级、每个区域量身定做区域材料收纳的橱柜，有高、有矮，分层设计，橱柜可以3层，也可以4~5层，每一层的层高是不同的。橱柜有开放的，也有封闭的。开放的橱柜有利于幼儿自主收整材料；封闭的橱柜有利于教师收纳暂时不用的区域材料和多余的原始材料。

(4) 使用适宜的标识，帮助幼儿自主收整材料。

为了帮助幼儿学习自主收整材料，做到物归原处，教师可采用一些简单的标识来帮助幼儿记忆材料筐在玩具橱柜的位置。通常我们可以使用照片、图画、数字、符号等为材料筐做标识，贴在筐子上，同时也贴在橱柜上，这样，幼儿就很容易找到位置，不会弄乱。不同的年龄班对于标识的要求也不一样，小班，最好使用一模一样的照片或图片，而中大班就灵活多了，可以多用一些数字和符号。

另外，每个区域里的材料不一样，收整的方法也不一样。一般来讲，建构游戏区里的积木，最好按照形状分类有序摆放和收整。插塑玩具比较简单，同类的放在一个筐子里就可以了。益智区和科学区的材料对于有序摆放要求较高，弄丢一个小部件，可能一筐材料都没法玩了，所以，应该按照每一种活动的需要把材料分装到筐子里或盒子里，再摆放在橱柜的合理位置。娃娃家一类的角色游戏区，虽然材料多、杂、碎，但实际上比较好整理，弄乱了，装错了筐子，也不会影响第二天孩子们玩。为了让娃娃家这样的角色游戏区的材料看起来整洁有序，最好的办法就是把材料分类装筐，比如餐具、炊具、食物、装饰物等分类，装扮娃娃的服装、丝巾、帽子等可以挂在墙上或衣架上。

幼儿园区域活动68问

图 2-22 2-23 材料收纳——山东省淄博市市直机关第三幼儿园

图 2-24 材料收纳——山东省淄博市市直机关第三幼儿园

您对蒙氏幼儿园整洁有序的班级环境如何看？

蒙氏幼儿园的班级教室内尽管有实际生活区、感官训练区、数学教育区、语言教育区、科学文化教育区等多个区域，但每个区域里材料并不多，因为没有复件，材料摆放也特别讲究，丝毫不乱。班级墙面环境较少装饰，悬挂物也几乎没有，因为蒙氏认为太多的装饰会分散幼儿的注意力，班级环境应该尽可能简洁、干净、有序。

蒙氏幼儿园的环境创设有值得我们学习的地方，比如蒙氏强调环境的作用，但环境最主要的构成是精心设计的教具，教具引发幼儿有目的的工作，工作导致幼儿的身心发展。所以，在谈到环境创设时，老师们如果可以把90%左右的时间和精力都放在玩具和材料的选择和投放上，而不是墙饰上就好了。我们现阶段很多幼儿园班级的墙面确实都太繁琐、杂乱了，强调让"每一面墙都说话"误导了老师们的环境创设。但是，蒙氏班级里过于整洁、过于安静的环境有时候可能会对幼儿的天性也是一种压抑，前面我们谈过蒙氏班级里区域活动如何

"与时俱进"的问题。另外，蒙氏班级所有的区域材料都没有复件，幼儿必须学会轮流和等待，我对此也持不同看法。有些区域材料不需要复件，但有些区域里的材料会因为有了复件，就会成就同伴一起玩的乐趣。这可能还是与蒙氏教室里的活动基本都是安静的学习活动有关，学习强调有序、专注、安静，而游戏不同，游戏需要伙伴，有时候更强调同乐。

第三章

区域活动的组织与指导

35.区域活动需要教师指导吗？该如何平衡教师指导与幼儿自主发展的关系？

现在的教育理念强调尊重幼儿是一个有能力、自主发展的人，教师介入指导时就会很纠结，介入了怕妨碍幼儿的自主性发展；不介入又担心自己没有尽到推动幼儿发展的责任。该如何平衡教师指导与幼儿自主发展的关系？

如果我们明确区域活动是幼儿园课程的一部分，那答案是肯定的，区域活动当然需要教师指导。只不过区域活动中教师的指导，不一定是直接干预，不一定是在区域活动过程中直接教幼儿如何做，而更多的指导可能是通过环境、材料的调整、活动中的角色参与、活动前后的谈话等方式进行的间接指导。

现在的教育理念确实强调幼儿的自主性发展，所以才会在幼儿园一日活动中倡导区域活动，倡导幼儿的自由、自主和自选。我们必须得承认在区域活动过程中，教师的指导与幼儿的自主确实是一对矛盾，一旦教师指导过度，就容易导致幼儿的自主性降低，形成教师的"指导"对幼儿的"自主"的"碾压"，所以，教师们的纠结不是没有理由的。

安吉游戏成功的主要经验之一就是教师最大限度地放手，给予幼儿充分的自由游戏的机会。为避免教师过度干预和不恰当干预幼儿的游戏，安吉曾经要求老师们尽可能在幼儿游戏的过程中"管住手，闭上嘴"。也正是在教师放手的过程中，教师们发现了"了不起的儿童""超会玩的儿童"，继而，教师愈加信任儿童，重构自己的儿童观和教育观，让幼儿园的教育成为师幼共同游戏、共同生活，不断生成的鲜活的过程。

有人曾经提出过区域活动过程中可以保持"双自主"，这该如何理解？

如果"双自主"的对象指的是活动中的教师和幼儿，那么，在同一时间的同一个活动中，面对同一组幼儿，既让幼儿自由自主活动，又让教师自主地进行指导，这几乎是不可能。但在不同的时间段里，则是可能的，也就是说，在区域活动的有些时间里是幼儿自由自主地活动，另外一些时间段里，可能幼儿会和教师一起参与讨论，而讨论的过程是教师主导的。但通常教师主导的讨论交流发生在活动前或者活动后，活动过程中，尽可能尊重幼儿的自主活动。

我园有很多老师认为区域活动就是孩子们自己玩的，只要不出问题，教师就可以不管。

这种理解代表了现阶段很多幼儿园老师的认识，也确实是幼教实践的现状。有些老师是因为认为教师不用指导，所以乐得休息一会儿；有的老师是不知道该如何指导，所以也就不指导了；也有的老师是怕指导了反而被批评为控制幼儿，所以，不敢指导。在幼教实践中，也有很多老师在区域活动中担任的是"巡警"的角色，只处理所谓的"问题"，即安全和纪律。只要孩子们相安无事地玩着，就是"天下太平"，就可以"高枕无忧"。

那么，请问"个别幼儿整个活动只坐在那儿看着或坐在一旁玩一个单一材料"算不算问题？

当然是问题。教师需要观察到，并给予关注，而不是立刻介入指导。如果幼儿就是喜欢看别人玩一会儿，那就让他继续看一会儿好了，这种"看"，也是同伴间的学习。如果长时间只看不玩，是否是因为不知道如何融入小伙伴的游戏而踌躇呢？如果是，教师就需要用一些策略，或陪伴、或鼓励、或给予建议，让幼儿可以顺利地融入同伴游戏，享受一起游戏的乐趣。如果幼儿"坐在一旁玩一个单一材料"，并且享受这个过程，未尝不可，因为重复是幼儿的一种学习方式。但如果太长时间都是单一重复，教师就需要借助于问题、谈话，或者幼儿之间的讨论，激发幼儿自己去思考材料的多种组合、多种玩法，引发幼儿之间的"智慧激荡"，让无穷的玩法生发出来。

如此说来，判断区域活动是否需要介入指导，以及如何指导是一个很专业的问题，对教师的专业素养是很大的考验。这里既涉及指导的必要性的判断，也涉及指导的时机、指导的方式方法的判断，没有标准答案，需要教师根据现场的具体情况进行专业判断。

在幼儿区域活动时，我可以做什么？如果我去和幼儿交流，就怕打扰到他的游戏，如果我什么都不做，又怕被领导说成"无所事事""不负责任"。

区域活动是幼儿自由自主的活动，教师最主要的职责就是观察，并根据观察分析评判是否需要提供适宜的指导。教师无缘无故去和幼儿交流，就是对幼儿专注的活动的一种打扰。对于区域活动的观察与指导的判断，不仅仅教师需要培训，管理者同样需要转变观念，改变评判标准，提升专业素养。

幼儿游戏时教师可以加入幼儿的游戏中一起玩吗？教师的加入会不会让幼儿的游戏失去原来的意义和趣味？

当然可以。幼儿游戏时，教师既可以是观察者、指导者，也可以是合作者，就是一起玩的人嘛。很多教师会习惯以领导者的方式告诉幼儿：要怎么玩，要注意什么，有什么问题可以找老师。游戏好像是孩子们的事儿，管理和指导才是教师的事儿。其实，20世纪初陶行知先生就说过："我们必须会变小孩子，才配做小孩子的先生。"所谓的"变小孩子"，不就是具备小孩子的游戏心态，能和孩子们玩到一起吗？

教师跟孩子们一起玩，最怕的就是让孩子们都听他的，那就是教师在控制游戏了，那就可能会让幼儿的游戏不好玩了。所以，教师和孩子们一起玩时，尽可能往后退，多听孩子们的意见，鼓励孩子们出主意，在按照孩子们的思路走的同时，给予幼儿一些必要的支持和帮助，这样，教师的加入就不会让幼儿的游戏失去原来的意义和趣味。

最后还必须要强调一下，区域活动中教师的指导需要注意适时、适宜、适度。

● 适时，强调的是指导的时机要适宜，太早或太晚都会导致指导失去应有的价值。

● 适宜，强调的是指导的方式方法要适宜，教师需要根据对区域活动现场的观察，来选择适宜的指导方法。

● 适度，强调的是指导的度的把握，教师过多的指导，必然会影响幼儿的自主性的发挥。

36. 幼儿在区域活动的时候老换区、不专注，教师要不要管？

我班有个别幼儿进入一个区不久之后，就想换区，换区之后还想再换另一个区。他很享受这种不停换区的乐趣，总是想把每个区都玩一遍。教师适时介入、谈话，但是幼儿依然很有主见。遇到这样的情形教师该如何处理？

这个孩子的换区来自好奇，这就像我们来到一个商场买衣服，好看的都想试一试；我们去餐厅点餐，好吃的都想尝一尝一样。成年人尚且如此，况且是孩子。一个进入游乐场玩的孩子，若只让他玩一样玩具，那就是折磨孩子嘛。所以，没有关系，让他尝试，等到所有的材料都尝试了几遍之后，他自然会找到自己感兴趣的事情，慢慢稳定下来。

在幼儿园，也有些孩子频频换区是与"释放"的感觉有关。教师管束较为严格、集体活动较多的班级，终于等来了区域活动中的自由和自主，幼儿必然要先释放曾经感受到的压抑，有些幼儿可能通过大喊大叫释放，有些幼儿可能通过无所事事释放，有些幼儿则通过频频换区域释放……

幼儿在娃娃家本来玩得很好，可突然被建构区的游戏吸引，就转而跑到建构区玩建构游戏了，此时，教师应该提醒幼儿回到原来的娃娃家游戏中，还是让他尽情地参与建构游戏？

随幼儿自己选择，若幼儿在娃娃家游戏中已经尽兴，并被建构区的游戏吸引，转而去玩建构游戏顺理成章，为什么教师需要提醒幼儿回到原来的娃娃家游戏中呢？区域活动最大的魅力就是幼儿的自由选择，在幼儿选择之后，教师不能强求幼儿"从一而终"，如果幼儿已经被别的游戏区域吸引，教师非要幼儿坚持留在某个区域，或某个"岗位"上，没有任何意义。

在幼教实践中经常会出现类似的问题，很多老师会把"坚守岗位""坚持到底"作为重要的品质提出来，一旦幼儿在区域活动开始时做出选择，教师就希望幼儿能在某一个区域的位置上有始有终。这确实也是一种很好的品质，对自己的选择负责嘛……可是，大家是否想过我们面对的是 3~6 岁的幼儿，这个年龄段的幼儿活泼好动、好奇心强、喜欢模仿别人、有意注意时间短……单单从这几个发展特点来看，我们就很难要求幼儿始终如一地在一个区域坚持 40 分钟以上。况且这个年龄段的幼儿选择时也会随意、目标感弱、从众心理强。所以，强调幼儿坚守在一个活动之中没有道理，而且幼儿的发展一定是通过参与活跃而有意义的活动来实现的，而不是靠"坚守岗位"实现的。

我们一次区域活动的时间在40~60分钟，个别幼儿提出要求：游戏中间换区。可是经常会遇到他想换的区域已经没有了空的位置。于是，我们就在20~30分钟左右，听音乐集中换区一次，但有些不想换区的孩子就有意见。这样的问题如何协调？

为了满足个别幼儿想换区的问题，就在区域活动的过程中听音乐集中换区一次，这样的做法显然不妥。主要还不是因为"不想换区的孩子有意见"的问题，而是这样会破坏幼儿的专注、深度探究和深入的游戏创造。个别幼儿想换区域就随他换，至于是否有合适的空位置给他的问题，很好解决。第一，他需要学会等待、轮流、与别人协商。第二，教师在创设区域环境时应注意，班级区域可以容纳的人数必须超过班级人数的 1/3，给予幼儿充足的选择余地。

37.如何引导幼儿专注地在一个区域里玩出水平？

我班很多幼儿选择区域之后在每个区域活动的时间都不长，缺乏耐性，喜欢换来换去，请问教师要不要管他？如何引导幼儿专注地玩？

如果一个班级有很多幼儿频繁换区，第一，材料有问题，缺乏吸引力。第二，与幼儿年龄特点有关。一般来讲，小年龄段的幼儿会更频繁一些，这与幼儿注意力容易转移、有意注意持续时间较短有关系，也与幼儿在一个区域的活动很难有较深入的探究或丰富的内容有关系。当幼儿能够玩进去，也就是说能在一个区域玩出花样、玩出合作时，他就不会轻易换区。

案例

小班幼儿在进行区域活动时会出现这样一种情况，孩子进入某个区域没多久就来到另外的区域，问他怎么不玩了，他说玩好了，不想玩了。

这个案例反映的就是小班幼儿无法深入地玩下去的问题，另外，小班的幼儿更喜欢模仿别人，从众心理较突出，这也会导致小班幼儿频繁换区。

如果是区域材料不好玩，教师就应该调整材料，让区域材料不仅丰富，而且具有可操作性、变化性和趣味性，以吸引幼儿自主参与。如果是年龄上的普遍性问题，教师就应该持有平常心看待，允许幼儿换区，允许幼儿有一个注意力慢慢稳定和发展的过程。

另外，教师必须了解学习性区域活动与游戏性区域活动的不同，对于幼儿换区或者更换活动才会有真正的理解。学习性区域中的很多活动不具有延续性，一个娃娃家的游戏可以无限演绎，无限持续下去，但是，益智区的拼图游戏，拼好了即结束了，教师不能要求幼儿再对着这盒拼图再来一遍。所以，拼完图之后的幼儿可以换一种区域材料，也可以换区。40 分钟的区域活动时间可以做很多事情，当然也可以有很多选择。

即使有些幼儿不换区，他在区域里也显得好像无所事事，请问如何引导幼儿专注地玩出水平？

让幼儿专注于一个区域的某一种活动，好像既简单，又很复杂。这绝对不仅仅是区域活动的问题，而是涉及幼儿的兴趣、学习品质和认知态度、学习能力等诸多问题。专注作为一种学习品质，在幼儿的任何一项活动中都会有外在的表现，其中最主要的外在表现就是兴趣和持续时间的长短，也就是说，如果一个幼儿兴致勃勃地持续很长时间做一件事，那就叫专注。

● 一般幼儿都对自己感兴趣的事情会表现出一种投入和专注，所以，教师结合幼儿的年龄特点和本班幼儿的兴趣确定区域，投放区域材料很关键。

● 引导幼儿深入挖掘每一种区域材料的多种玩法，幼儿就不会因为不会操作、不会玩而缺乏兴趣。

● 不勉强幼儿在不喜欢的区域坚持，这样的坚持不叫专注。

● 区域活动时注意控制班级的噪音水平，帮助幼儿清除周围可能影响其分散注意力的因素。

● 对于专注较差的幼儿多一些关照和鼓励，采用"小步子策略"，每一次都鼓励其要比前一天多坚持一分钟。

● 在班级自始至终坚持好的常规，尤其是"不打扰别人的活动"，无论是教师还是幼儿，都不随意打断别人，形成良好的班级氛围。在这一点上，蒙氏幼儿做得很好，大家可以借鉴。

● 教师在进行班级管理时，注意多用行动，减少语言说教，尤其是避免高声喊叫，对于良好的班级氛围的养成也会有帮助。

● 对于有注意力缺陷的幼儿，需要特别的关照和特别的指导方法。教师还需要与家长达成一致教养的意见，共同帮助幼儿成长。这个过程可能会很漫长，也很艰难。

38.如何对待幼儿"偏区"的现象？

区域活动时每个班级几乎都有偏区的现象，有些孩子自主选择区角时，总是喜欢去固定的区域，教师应怎样做才能让班级的区域人数基本平衡，让每个孩子都进行多项选择？

前面我们谈过冷门区和热门区的问题，每个班级的游戏性区域容易成为热门区，而学习性区域容易成为冷门区，这不奇怪。在很多班级里，同样还存在幼儿偏区的问题，无论教师如何调整材料，有的幼儿还是喜欢在固定的一个或几个区域里玩，经常会有教师问我"怎样有效纠正幼儿偏区的问题？"——当我们用"纠正"或"改正"这个词的时候，意味着教师认为幼儿的行为是错的，可是，幼儿的行为错在哪儿？

区域活动本来就是幼儿自由选择、自主开展的活动，是满足幼儿的个性化需求的一种活动模式。正因为有了区域活动，幼儿才可以按照自己的兴趣和需要，选择自己喜欢的区域和材料进行活动。区域活动的最大价值也就是因为自由选择带来的个体需求的满足和幼儿的个性化发展。国内现阶段的大多数幼儿园一天里安排的集体活动过多，太多的集体活动并不适合6岁前的幼儿，而区域活动中幼儿有较多的自由，可以给予幼儿一些平衡和补偿。

区域活动时有些孩子总是会选择同一活动，如果任由他下去，那么他其他方面就得不到锻炼，担心他无法得到全面发展，教师难道

不应该好好引导他吗?

这样的教师应该是非常负责任的,因为担心幼儿的全面发展的问题,所以,才会有些担心。是的,幼儿按照自己的兴趣选择区域和活动没问题,但幼儿也需要全面发展呀。在这里,教师需要澄清三点认识:

第一,全面发展不等于均衡发展。全面发展是期待幼儿在德智体美劳各方面全面发展,幼儿园的一日活动安排和课程已经可以保障幼儿的全面发展了。另外,幼儿一天在幼儿园的时间是 9 小时左右,除去 1 小时区域活动时间,幼儿还有很多时间和活动内容,可以获得其他的经验和能力提升。

第二,任何一个人都是有自己的兴趣和需要的独特个体,很难在所有的方面都均衡发展得很好,加德纳的多元智能理论很充分地阐述了这一点。另外,这个社会所需要的人才也不是均衡发展的人,而是有某些特长的全面发展的人。

第三,其实任何一个区域里的活动,都不会是某一方面的单一发展,都会蕴含很多发展的要素。比如,简单的积木搭建的活动,仅仅发展建构技能吗?当然远远不止,积木搭建既蕴含了物体感知、数学、科学概念的获得,也蕴含了语言表征与表达、社会交往能力的发展,幼儿在搭建的过程中,也培育了专注、坚持、细心、耐心等学习品质和审美情趣。

如果孩子长时间偏区,不感兴趣的区域就不去,作为老师可以引导他吗? 如何引导?

可以,教师应该引导幼儿去尝试新的区域和新的活动。

一般来讲,当小班幼儿对班级环境不熟悉时,他可能会对有熟悉的玩具的区域和一开始进入的区域比较依恋,不愿再换;中班的部分幼儿可能会对新投放的材料有陌生感,不愿尝试;大班幼儿的兴趣可能会比较固定,更喜欢自己擅长的区域活动……不仅仅是年龄上的差异,可能还有性别上的差异和个性、个体兴趣上的差异,导致幼儿在选区域活动时出现很大的差异。还有些幼儿喜欢和好朋友在一起,朋友选择什么区域,他就喜欢跟进某个区域。教师只有充分了解幼儿之后,分析判断幼儿不愿尝试其他区的原因,才有可能思考引导的方式方法。一般的引导方法如下：

- 调整区域中的材料，使之更好玩。

- 区域活动前的导入环节，教师运用视频或作品，或游戏化夸张的口吻向幼儿重点推荐某些幼儿不愿意选择的区域。

- 围绕幼儿不选的某个区域，每次区域活动结束时进行重点分享和讨论，可能会让更多的幼儿爱上这个区域。

- 如果是有作品的区域，可以采用装裱作品、对作品拍照、展示等方式吸引更多的幼儿选择此区域。

- 对于较内向的幼儿，朋友的陪伴、教师的陪伴都可能是比较好的方法。

- 对于因为能力不足而不愿尝试某些区域的幼儿来讲，单独帮助幼儿丰富相关经验、提升相关能力，可能会让他们喜欢上这些区域。

如果教师尝试过一些方法之后，幼儿还是偏区，教师不必担心，随他，让幼儿自由地做自己喜欢做的事情也很好嘛。继续关注和观察幼儿即可。

在区域活动时，我班很多女孩只对娃娃家、画画、表演之类的游戏比较感兴趣，而男孩则对拼插、积木之类的游戏感兴趣，这样的情况对他们发展有影响么？教师应该怎样引导？

确实，在幼儿选择区域的偏好方面，会存在性别上的差异。这种差异不是简单地来自基因的影响，很多是来自教养人的观念和教养方式的影响。通常我们反对幼儿园教师对幼儿有任何性别偏见和刻板印象的影响，幼儿园的任何玩具、任何活动设计都是适用于所有幼儿，而不是专为某种性别的幼儿准备的，教师在任何时候的语言都应该注意，比如"你们男孩子就应该……""男孩子怎么像女孩一样爱哭？""女孩子应该淑女一点。""女孩子怎么能这么野？""男孩子怎么能输给女孩子？""进行这样的活动，绝对男孩比女孩厉害！"……这些语言其实都含有某些成分的性别歧视和性别刻板印象，教师不应该使用。

即使教师没有任何不恰当的影响，3岁之后的幼儿还是会慢慢显示出自己的性别特质和选择上的性别偏好。第一，教师接纳这种差异，但不夸大差异。

教师应该更多地关注幼儿个体之间的差异，而不仅仅是性别上的差异。第二，适当引导。尤其是像建构游戏、益智游戏这样的游戏活动，具有挑战性，又具有重要的认知价值，对于幼儿今后的学习有很大的影响，需要所有的幼儿都不断尝试，并在其中体验成就感，以增强自信。前面提到的引导方法都可以试试看。我曾经遇到过一个幼儿园，为了鼓励女孩参与更多有思维挑战性的区域，老师会在一周中的某一天规定像建构区这样的区域只接纳女孩子。这样的方法尽管有一点生硬，但也不失为一种调节方法。

区域活动刚开始，孩子们纷纷取了进区卡进区活动，但有个别幼儿没能进入自己特别想去的区，就会来找老师求助，这时教师往往会在巡视后安排孩子进到一个人相对比较少的区，孩子也只好在这个区进行活动。同样，在活动过程中，当教师发现某个区幼儿有些过多，造成拥挤或材料争抢时，教师也会随便地找一些幼儿让他们到人员较少的区去活动，有些幼儿是不愿意的，请问教师这样做合适吗？最好的做法应该如何？

教师的做法肯定不合适，因为教师表现得太主观、随意了。即使没选到喜欢的区域的幼儿来求助教师，教师也应该引导幼儿重新做出选择，而不是代替幼儿做出选择。如果教师发现某些区域过于拥挤，导致本区域活动无法进行，教师也不应该随意就把某些幼儿拨拉到其他区域，而不征求幼儿的任何意见。

面对区域的拥挤情况，除了让幼儿自己观察、体验和讨论应对的方法之外，我们前面讨论过区域空间的动态调整的方法，即每个区域的空间其实是可以不断扩大的，原来只有一张桌子的美工区，只要选择的幼儿多，就可以再增加一张或者两张桌子，在原来的空间上往外自然延伸即可，前提是区域材料足够。当区域材料不足时，就必须要限定区域人数了。

39.幼儿在区域中玩的和原本教师的设定不一样，教师该如何指导？

我班的孩子们倒是很喜欢区域活动，但是我经常发现他们进区玩的内容与区域的设定毫无关系，教师需要介入指导吗？

"区域的设定"玩法应该更多地指向学习性区域，因为只有在学习性区域活动中，教师才会根据发展目标，设定材料的操作方式或者规则性游戏的玩法。而创造性游戏的玩法则来自幼儿的主体需要和兴趣，可以千变万化，教师不应该有太多设定。假如幼儿在美工区玩橡皮泥，不是按照老师设定的"做饼干"，而是自由自在地"搓麻花""做糖葫芦"，教师不需要介入指导。但如果幼儿不是用橡皮泥进行制作活动，而是把橡皮泥粘在自己手臂上、脸上、衣服上玩，那教师就可能需要介入指导。如果幼儿把橡皮泥撕成小块，然后一块一块往远处扔，尽管他可能自己玩得很高兴，但教师必须介入指导。

假如幼儿游戏中确实违背了我们生活中的规则，教师应该教还是不应该教呢？

这里涉及两个问题。第一，教师对于"幼儿游戏中确实违背了我们生活中的规则"的判断，即幼儿的什么游戏，违背了我们生活中的哪些规则。若没有对这两个问题的清晰而准确的判断，就不能有适宜的教师指导。如果是有明确的教育目标的规则性游戏，则需要幼儿掌握游戏的玩法，再遵照游戏的玩法和规则进行游戏。若是幼儿的自主的创造性游戏，则孩子们可以随自己的意愿开展自己的游戏。另外，违背的"生活规则"，到底是什么样的规则？如果是打人、骂人、抢人家的玩具、摔东西之类的规则，那教师就必须介入指导；如果是游戏中怎么玩的问题，比如幼儿在娃娃家里不是给娃娃做饭吃饭，而是给娃娃打针；小餐厅里服务员不关照客人，而是进入厨房去做饭等等，教师都不需要介入指导。

第二，对于"教师应该教还是不应该教"的"教"一词的理解。有些老师会把教师的指导直接理解成"教"，而把"教"又直接理解成"说教"，这可能就有些偏狭。从广义上讲，教师的指导就是教师的"教"，但这种"教"的含义很广，只要教师的言行对幼儿产生影响都属于"教"的范畴，而非简单的说教。区域活动既然属于低结构的活动类型，是更开放一些的课程模式，那教师的"教"就应该更开放一些，更隐性一些。"说教"的方式有点简单，也有点生硬。因势利导才是区域活动指导更核心的原则。

40.区域活动时教师应如何分工？

区域活动时如果教师特别关注某个区域，并进行指导，就很难再关注其他区域，这样对其他区域的幼儿是不是不公平？

幼儿园每个班一般都会配备 2 个教师 1 个保育员，区域活动时最好 3 位教师都在现场，做出合理的分工，都先放下别的事情，关注幼儿的活动情况。如果幼儿的区域活动在活动室和寝室分别进行，那么活动室内的区域可以由 1 个老师和 1 个保育员负责，寝室的区域由 1 个老师负责。如果活动室寝室一体的班级，所有的区域都在一个空间，三位老师分别关照 2~3 个区域即可。一般每个老师有一个重点观察的区域，再兼顾其他区域。主班老师除了主要观察和指导的区域之外，还需要基本了解全班区域活动的总体情况，活动结束之后，还需要组织幼儿进行分享交流活动，所以，主班老师的观察应既有重点，也包含整体。

如果班级只有 1 位教师，可能就有上面老师担心的情况发生，即当教师关注和指导某个区域时，其他区域的幼儿就关照不到，就可能对其他区域的幼儿不公平。应对的策略就是，有计划地安排教师每天重点观察和指导的区域，尽可能一周内兼顾到所有区域的幼儿活动。

我发现区域活动指导的分工不一样，有的班级是按照区域分工，在一段时间内三位老师分别负责某个区域，对某一区域的材料及这一区域的幼儿活动情况把握较好。有的班级是按照幼儿分工，在一段时间内每个老师主要负责某一部分幼儿的活动，这样有利于教师对这一部分幼儿进行连续的追踪观察，可以更准确地把握幼儿个体发展情况，从而进行有针对性的具体指导。请问哪种分工方式更好呢？

选择观察指导分工的方法，可以根据观察目标来确定。若是想要了解每个区域幼儿的活动情况，从而对区域环境和材料做出适恰的调整，对幼儿的区域活动有较好的指导，以推动区域活动质量的提升，那就最好每个老师定点对区域进行连续观察。若是教师想要了解某个幼儿，或一部分幼儿的发展特点，做一些个案研究，那就最好选定幼儿，持续一段时间跟踪观察幼儿，这样可以对幼儿个体的发展有一个系统的全面的了解，从而制订有针对性的个体指导方案。

其实，两种分工方式并不矛盾，教师可以在定点观察指导时追踪某个幼儿。班级三位老师的分工也可以根据需要随时灵活调整。再说，分工是相对的、暂时的，三位老师需要更多的沟通和相互协调，才能做好班级工作。

41. 如何提高教师区域活动指导的水平？

安吉游戏强调教师要"管住手，闭上嘴"，学习了安吉的经验之后，我发现我们的老师现在越来越畏手畏脚，不敢指导幼儿的区域活动，请问该如何提高教师指导的水平？

安吉游戏确实很早就对老师提出了"管住手，闭上嘴"的要求，这样的要求折射的观点不仅仅是对幼儿游戏的尊重和信任，还有对教师作用发挥的重新思考，因为后面还有"瞪大眼睛，竖起耳朵"。若没有教师对于幼儿游戏的深入观察和了解，就不可能有适宜的教师指导。在以前发生了太多教师不观察和深入分析就干预幼儿游戏的情况，教师的胡乱指导不仅不会引导幼儿的发展，而且会伤害幼儿游戏的积极性和创造性。

"管住手，闭上嘴"并不是不允许教师指导了，而是强调教师必须在"瞪大眼睛，竖起耳朵"观察之后再确定是否需要指导，以及如何介入指导。所以，观察是指导的必要前提，没有观察就不可能有适宜的指导。

关于区域活动指导，"教师越来越畏手畏脚了"——其实不是一件坏事，是教师开始敬畏幼儿和自己的专业的转折点，是教师儿童观、课程观、教育观转变的开始。曾经前面很多年里，教师一直高高在上，觉得幼儿什么都不懂，觉得自己随时随地都需要指导幼儿，当教师开始"畏手畏脚"，便也开始了专业学习和专业思考之路。

提升教师区域活动指导的水平绝非一朝一夕可以完成的，是伴随教师自己的教育实践，永无终点的。实践—反思—学习—再实践—再反思—再学习……没有捷径。

- 幼儿园具有良好的文化和制度，能支持所有教师的学习和成长。
- 幼儿园需要建立各种学习成长共同体，大家相互激励。
- 请进来，走出去，让教师有机会不断向专家学习，与同行交流。
- 园本教研是一种良好的集体反思和智慧激荡形式，可以帮助教师解决自己的实践难题。

我们常说，教师和孩子一起成长。在区域活动中教师的提升体现在哪些方面？作为业务园长应如何做好区域活动指导方面的教研引领？

在区域活动中，教师的提升可以体现在方方面面，如：

- 透过区域活动观察，看到有能力的幼儿，完善和提升教师的儿童观和教育观。

- 透过区域活动的观察指导，提升教师区域活动实践教育素养。
- 透过对区域活动的园本研究和学习，提升教师教育研究水平。
- 透过对区域活动的教研，提升教师之间的信任与合作水平。

作为业务园长，确实应该引领幼儿园的教研工作，而不仅仅是区域活动指导方面的教研，只要教师在教育实践方面遇到问题，就应该通过教研帮助教师解决。业务园长应该做好以下几方面的工作：

- 梳理幼儿园教育实践中的问题，确定教研的目标和方向。
- 征询教师们的意见，自下而上，确定每个学期的教研计划。计划应有方向、有重点，点面结合；具体可落实。
- 通过多种方式方法，提升教研活动的实效，激发教师们参与教研的主动性和积极性。
- 关注幼儿园一日生活的质量，逐步构建自主理念下的、"以游戏为基本活动"的园本课程。

42.区域活动的每个环节教师指导的重点是什么？

区域活动若分为四部分：导入、活动过程、收整玩具材料、交流分享，每一部分教师指导的重点是什么？

就像教学活动一样，区域活动也可以分为导入、活动过程、收整玩具材料、交流分享四个基本环节。每个环节的目标不一样，教师指导的重点也不一样。

(1) 导入环节教师指导重点

① 指导幼儿制订区域活动计划。所谓计划，就是先设计自己要去哪一个区域，准备玩什么材料，以及如何玩的打算。计划能帮助每个人明确做事的方向，提高做事的效率，养成做事前先思考的好习惯会让幼儿受用终生。美国高

瞻课程理念的幼儿园，区域活动一般都遵循"计划——工作——回顾"三部曲。其实，这样的工作三部曲，也值得我们每个成年人学习和反思。

②指导幼儿承前启后梳理经验，让区域活动不断螺旋式往前推进幼儿的发展。 "承前启后"的意思就是教师在帮助幼儿梳理前一天区域活动的经验或问题的同时，启动接下来的区域活动。就像教学活动一样，每一次教学活动开始时，教师会很自然地唤醒学生昨天学习的内容，从复习开始，慢慢进入新的教学内容的学习。这样一个自然的循环过程，有助于幼儿前后经验的链接和不断扩充。

区域活动如果是课程的一部分，教师就需要具有课程的意识，能够把区域活动当成不断推动幼儿发展的课程来看待。

③推介新材料、新玩法、新创意。 如果今天的区域活动有新玩具材料的投放，教师可以先向幼儿推介这种新玩具材料。如果是创造性游戏材料，一般没有固定的玩法，属于开放性材料，教师在呈现新材料之后，可以借助于幼儿之间的讨论，引发幼儿更多具有创意的想象和思考；如果是学习性玩具材料，一般具有玩法和规则的设计，可能需要教师先向幼儿介绍玩具材料的名称、玩法和规则。有的甚至需要教师的示范。

有时候没有新玩具新材料投放，教师也可以就区域里已有的某个旧玩具材料，引导所有幼儿共同思考新的玩法，尽可能一物多玩，玩出创意，玩出思维和智慧。这个过程也可以避免幼儿对旧的玩具材料失去兴趣，需要教师辛苦地不断更新材料的问题。

④提示区域活动规则或注意事项。 因为班级幼儿比较多，各种性格特点、认知水平、自控能力的幼儿都有，放手让幼儿自己选择区域去玩，有时候教师真的不知道会出现什么状况，有些担心很自然。所以，在活动前提示幼儿规则或注意事项是应该的，但是不是每一次都要提示？每一次提示哪些规则？是否需要重点提示某个幼儿？……这些都要根据自己班级幼儿的具体情况而定。如果班级幼儿较少，幼儿常规较好，其实也不需要每次都提示规则。如果带的是小班，教师每次区域活动之前不仅需要提示幼儿一些最基础的常规，甚至可能还需要示范。一般来讲，教师可以根据幼儿前几天的区域活动状况来确定今天

区域活动前提示的重点。

(2) 活动过程教师指导重点

① 指导幼儿有序选区、进区开展活动。自由选择区域是区域活动开始的第一步。若班级幼儿比较少，区域活动音乐响起之后，幼儿就可以自由进入区域开始活动。如果班级幼儿比较多，一下子散开选区，会造成拥挤和争抢，教师就可能需要设计选区牌和进区卡。幼儿在计划环节选区域，一旦某个区域人数已满，就只能选择另外的区域。选区牌会对每个区域的人数做出限定，每个区域人数的限制可以根据班级总人数、区域面积、玩具数量等确定。教师要注意，所有区域能够容纳的人数必须超出班级总人数的 1/3，避免后面选择的幼儿出现没得选的局面。

图 3-1 区域插牌（数字表示的是幼儿的学号）——山东省潍坊市奎文区育华幼儿园

我们幼儿园是每周一选一次区域，然后持续一周幼儿都在此区域活动，不能更换，请问这样做，可以吗？

可以，但比较适合大班，小班和中班仅供参考。每周一选一次区域，然后鼓励幼儿持续一周都在此区域活动，可以保障幼儿在一个区域中，持续一段时间反复操作、反复尝试，更好地推进幼儿在区域中的深度学习和探索。但是，"必须周一才能选区"和"不能更换"的要求不合理，教师可以鼓励、支持幼儿持续一周进行一个区域的活动，但不能强求，幼儿对于某个区域兴趣丧失之后，应该允许幼儿自由换区。

② **指导幼儿确定游戏主题，丰富和拓展游戏情节**。若幼儿选择了游戏性区域活动，教师就应该观察幼儿如何确定游戏主题，如何推演游戏情节。根据现场幼儿的情况确定是否需要帮助幼儿确定游戏主题，或者是否需要帮助幼儿拓展游戏情节。这个过程教师不能太着急，指导不要太直接、太生硬，否则很容易成为教师导演的游戏。

③ **指导幼儿掌握学习性区域材料的操作要求或规则性游戏的玩法**。对于学习性区域活动来讲，幼儿只有掌握了玩具的玩法、材料的操作要求或者操作步骤，才能顺利地开展活动。所以，教师在区域活动过程中需要关注幼儿的操作技能，也需要关注幼儿的兴趣和专注度，支持和推动幼儿自己反复尝试，在操作的过程中获得自主学习能力和经验的提升。

④ **指导幼儿面对问题和自主地解决问题**。无论是哪一种类型的区域活动，幼儿在自主活动的过程中都可能会遇到问题，这些问题可能是实验的失败、搭建积木的倒塌，也可能是材料不足、材料被抢等，在活动过程中遭遇问题并不是坏事，这也许正是教育和发展的最好契机。对于幼儿区域活动中遇到的问题，教师有责任给予支持和帮助，但如何指导是一门必须要学习的艺术。指导幼儿不等于代替幼儿解决问题，有时候关注、陪伴、赞赏是一种指导；有时候提个问题启发思考是一种指导；有时候补充材料也是一种指导……

⑤ **指导幼儿相互之间的交往与合作**。区域活动很大魅力有时候来自小伙伴，当然矛盾冲突也可能来自小伙伴。区域活动的过程中有时候需要教师指导幼儿结成小组；有时候需要教师指导幼儿相互协商、处理矛盾冲突；有时候需要指导幼儿学习社交技巧……指导幼儿相互之间的交往与合作，既为了推动幼儿学习或游戏水平的不断提升，也为了幼儿社会性和良好人格的发展。

⑥ **指导幼儿遵守区域活动规则**。尽管区域活动之前教师会提示幼儿规则，但幼儿的年龄特点决定了其自我控制能力的发展水平较低，所以，在活动过程中出现违反规则的现象并不奇怪，教师需要有较为宽容的心态，有时候简单提示一下幼儿即可。对于那些故意"搞破坏"的幼儿，教师需要冷静分析幼儿行

为背后的深层问题到底是什么，只有解决了深层需要的问题，才能解决幼儿反复"搞破坏"的外在行为问题。

(3) 收整玩具材料环节教师指导要点

此环节最关键的就是引导幼儿有序地收整玩具材料，养成良好的习惯。刚开始时可能需要教师陪伴和示范，然后教师运用语言和音乐提示，逐渐变成幼儿自己可以顺利做完的事情。

指导幼儿收整玩具材料的过程，教师需要注意以下几点：

● 收整玩具材料的能力就是自我服务、自我管理能力的提升，教师不能包办代替。

● 收整玩具材料的能力提升是一个渐进的过程，是教师慢慢后退、幼儿慢慢往前，到独自完成全过程。教师不能着急、不要催。

● 教师需要转变理念，认识到收整玩具材料的过程也是重要的学习过程，不论幼儿花费多少时间都不叫浪费时间。

● 年龄小的幼儿自我管理能力和动手能力都较弱，尤其是在家庭中娇生惯养的孩子，所以，教师需要关注到幼儿存在的个体差异，因势利导。

● 不同的区域，玩具材料的特点和使用方式方法也不同，教师需要考虑怎样收整有助于幼儿自主地取放和使用，有助于幼儿的自我学习。

游戏前，即使教师着重强调收玩具材料的注意事项，游戏结束时也会出现"玩时有人，收时无人"的局面，怎样才能避免这一现象发生呢？

如果出现活动结束收玩具时无人收的现象，那就说明从小班初期到现在幼儿一直没有养成良好的收整习惯，教师也没有真正重视这个环节的教育价值。"游戏前，即使教师着重强调收玩具材料的注意事项……"如此说来，教师强调的方式方法不见效，那就调整一下方法吧：区域活动前，请幼儿自己说一说活动过程中怎么做，活动结束后应该怎么做。活动结束时，每个老师跟进一组幼儿，观察幼儿自己收整的情况，适当时机提示一下。对于收整不到位的情况，请全体小朋友相互检查和调整。对于个别就是不肯参与收整的幼儿，教师要耐心、但坚持要求，可适当陪伴幼儿一起收整，只要没有收整好玩具材料，就不进入下一个环节的活动。当然，最后的分享环节可以请收整较快的小组分享收整的经验，并给予表扬和鼓励。

区域活动结束的音乐响了，可是总有个别孩子玩不完、玩不够，不肯收玩具，教师应该怎么做，既保证班级活动有序进行下去，又不至于伤害这个孩子？

这位老师难能可贵地认识到区域活动在一个统一的时间结束，可能真的会出现某些孩子玩不好、玩不够的现象，不愿意收整玩具材料也在情理之中。可是，班级下面的活动还得往下进行呢，怎么办？通常我们会建议老师区域活动时间采用弹性管理，40 分钟到 1 个小时，不必刻板地一分钟也不差。结束音乐播放之前，教师需要观察一下全班幼儿的活动状况，如果幼儿兴致都正浓，不妨延迟几分钟。教师尤其需要关注美工区、建构区的小朋友，这两个区域的孩子们需要完成他们的作品，否则是结束不了的。教师也可以在结束音乐播放之前单独提示这两个区域的小朋友。另外，如果是美工区这样安静的活动，幼儿一般不影响其他幼儿，那就让他继续做下去好了，其他的幼儿收拾好之后进入下一个环节就可以。不必强求全班统一步调。

也有一些幼儿园班级里会设置"未完成作品"陈列区，幼儿第二天可以持续这个活动，完成自己的作品。我个人还是更赞同让他今天完成，而不是留到第二天，因为怕第二天的孩子已经没了今天的兴趣和创意，被打断是很不好的事情，因为第二天很难续接上。

收玩具过程中，我班个别幼儿会表现出"超兴奋"状态（如益智区收雪花片时，幼儿先是将其都弄到地上，再趴在地上捡起来，幼儿会乐此不疲），请问我们该如何处理这种情况？

这个幼儿的兴奋点发生在活动结束时，这确实让人有点摸不着头绪。不知道是结束的音乐，还是结束时大家整理玩具的响声，还是大家忙碌收整的状态……让这个敏感的孩子有点兴奋，所以，他表达兴奋的方式就是把某些玩具弄乱，再一一收整起来。其实，我们对于幼儿的认识真的是很少，读懂孩子这本书是我们一辈子的功课。遇到这种情况，教师不要着急，更不要生气，继续观察这个幼儿一段时间，也可以找合适时机和这个幼儿聊聊，多几分对他行为背后的原因的了解，我们就会更多几分宽容、理解和接纳。

⑷ 交流分享环节教师指导重点

① 指导幼儿交流区域活动的过程，分享彼此的好经验和积极的情感，帮助幼儿梳理、提升和概括经验。 区域活动结束后，教师可以组织幼儿一起回顾活动过程，这种回顾，可以采用绘画的方式，也可以是小伙伴之间说一说的方式，这样的表达过程既有助于幼儿经验的拓展、深化和提升，也有助于幼儿在行动之后进行思维，提升自我反思能力。

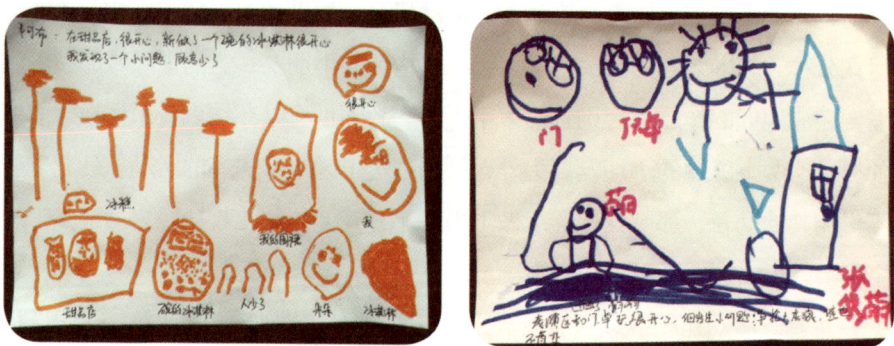

图 3-2 3-3 幼儿用绘画的方式表征自己的活动过程——山东省商务厅幼儿园

② 指导幼儿交流和欣赏区域活动的作品。 很多区域，比如美工区、建构区都会有作品呈现，所以，结束区域活动之后，教师组织大家一起欣赏和交流作品，既会给创作者带来满足感和成就感，也会给其他小朋友带来学习的机会、视野开拓和思维启迪的机会。

③ 指导幼儿讨论区域活动中遇到的问题，探讨解决问题的多种策略。 如果区域活动观察过程中，教师能够抓住某些关键问题，在最后一个环节引导全班幼儿一起进行深入的交流、探讨，就一定会激发全班幼儿的思维，让全班幼

儿都可以借助于问题的讨论增长智慧，获得成长。

四个环节的时间如何分配最合理？

如果一次区域活动时长为1小时，第一个导入环节5~10分钟左右，结束后收整玩具5分钟左右，交流环节10~20分钟，中间的活动过程保持30~40分钟。如果教师把区域活动计划的环节和生活环节相结合，那就可以让中间的活动过程时间更充足一些。最后的分享交流环节时间可长可短，有话长说，无话短说。教师既要关心问题的讨论，也要关注幼儿对于讨论交流的兴趣。如果教师和幼儿都没有发现任何可深入讨论交流的问题，三五分钟的谈话或作品欣赏之后就结束也可以，直接省略这个环节也没有大错。

43.区域活动前教师需要制订计划吗？如何指导幼儿制订计划？

区域活动如果是幼儿自由、自选的活动，那教师是否需要制订区域活动计划？

尽管区域活动强调幼儿的自由、自主和自选，但只要我们认可区域活动是幼儿园课程的 部分，那就应该也认可区域活动具有课程的属性，只不过，区域活动更多是通过材料投放，而不是通过教学内容来实现的。所以，教师的计划应该通过合理地投放材料和更新材料来推动幼儿的发展。在计划的体现上，可能学习性区域更容易体现计划的层层递进，而游戏性区域在计划上的体现会弱一些。

有次在一个幼儿园看到教师制订的班级区域活动计划，其中包括每个区域在每个周的计划，不是教师投放材料的计划，而是每个周玩什么的计划，比如美工区第一周画葫芦，第二周画菊花，第三周画天安门……这样的计划很危险，一定会把区域活动引向教师的高控，失去区域活动的价值。更糟糕的还有教师对于创造性游戏的高控计划，比如娃娃家，第一周玩做饭游戏，第二周玩装扮游戏，第三周玩过生日游戏……这样的计划大家可能会觉得可笑，游戏是幼儿自己的游戏，教师怎么能控制幼儿游戏的主题和内容？可是这真的会在某些幼儿园出现，而且是管理者提供的计划表格的内容。

幼儿园区域活动计划教师用表（参考1）

班级：　　　　　　　　　　时间：　年　月

时间	区域材料投放		观察与指导要点
	学习性区域	游戏性区域	
第一周			
第二周			
第三周			
第四周			

幼儿园区域活动计划教师用表（参考2）

班级：　　　　　　　　　　时间：　年　月

区域类型＼时间		第一周	第二周	第三周	第四周	备注
学习性区域	计划投放的材料					
	可支持的活动					
游戏性区域	计划投放的材料					
	可支持的活动					

如何指导幼儿制订区域活动计划？如果幼儿不按照计划去做，教师需要干预吗？

区域活动中，教师主要负责创设适宜的环境，选择与投放多样的玩具和材料，而幼儿是使用材料的人。因为区域活动具有自由自主的特点，所以，教师应该尽可能鼓励和支持幼儿的自由选择。幼儿的计划一般包括区域种类的选择、区域活动内容的选择、区域活动玩法的选择、小伙伴的选择等。由于幼儿年龄特点不一样，发展水平不一样，所以，不同的年龄班，对于幼儿计划的要求也不同。小班的幼儿能表达清楚自己想去哪个区、和谁玩、玩什么就不错了。而对于大班幼儿来讲，最好能够清晰地在活动前思考自己想玩什么以及如何玩，尤其是对于如何玩，有自己明确的想法。

小班幼儿的计划表征可以借用教师提供的图案和符号，选择之后粘贴即可；中大班幼儿自己可以用绘画、图表、符号等多种方式表征自己的计划。

图3-4 3-5 幼儿建构计划图（搭建消防大楼、消防车及消防工具）——山东省商务厅幼儿园

有一次在幼儿园发现老师为幼儿设计的建构游戏计划表，包括：搭建什么、和谁一起搭建、计划运用多少块三角形积木多少块长条形积木、多少块半圆形积木……在幼儿搭建之前计划要搭建什么以及和谁一起搭建，这样的计划内容是有意义的，可是让一个6岁前的幼儿计划可能运用的积木的形状和数量，这几乎是不可能的，就算是成年人也做不到。

另外，教师必须了解六岁以前的幼儿普遍具有以下几个特点：

- 计划性比较差，选择比较随意。
- 兴趣广泛，且兴趣易转移。
- 活动比较盲目。
- 活动易受外界的玩具和幼儿的影响。
- 专注力保持时间较短。
- 大多数幼儿还处于直觉行动思维和具体形象思维阶段，幼儿需要在行动中思考。

如此说来，指导幼儿做计划，并指导幼儿实施自己的计划，活动结束之后再回顾自己的计划是非常有必要的，会影响幼儿一生长远的发展。但基于幼儿发展的特点，教师必须对幼儿的计划有合理的期望值，不能过高估计幼儿的计划水平，也不能过高期待幼儿计划的执行水平。

幼儿计划定好了，有的孩子开始活动后又会有新想法，是让他自己玩，还是跟大家玩一样的主题？比如建构区，今天的计划目标是同伴合作建构火车站，但是有的小朋友进去后并没有去建构火车站，而是按自己的想法去搭自己的了，也不和同伴合作，这时教师要不要介入？是否需要引导他去搭建计划的主题？

这里教师需要明确两点：第一，小伙伴合作搭建火车站的建构游戏主题是如何来的？如果是教师提出来的，那么，进区之后，幼儿玩自己的很正常。如果是幼儿自己商议出来的，那么在幼儿商议的过程中，这个不肯搭建火车站的小朋友是什么态度？他参与讨论了吗？我们在幼儿关于玩什么的讨论时，经常能看到只有某个小朋友说了算，其他小朋友的想法或者不被接受，或者暂时没有想法，不说话。如果搭建火车站的主题讨论时，这个幼儿并不同意，那么他去搭建自己的也很正常。如果搭建火车站恰就是这个小朋友提出来的，并获得了一致同意，在区域活动时，他又把主题抛到脑后了，那么，教师就可以提醒幼儿刚才的计划。如果在幼儿计划好自己的主题之后，再把它画下来，这样的计划就会更具体、更具有可操作性、可检测性。第二，不同年龄的幼儿的不同特点。小班幼儿经常会计划完之后就把计划抛到一边，自顾自地玩去了。教师一方面要理解和接纳，另一方面也要适当地引导，慢慢让幼儿把自己的建构活动与前期的计划建立链接，从而理解计划的意义。对于中大班幼儿，在区域活动过程中，教师可以提示幼儿不断对照自己画的计划图，或者调整建构作品，或者调整自己的计划。计划并不是什么神圣的东西，幼儿随时可以调整自己的计划。再说，要求建构区所有小朋友必须合作搭建一个主题，有时候是教师的一厢情愿。可能是幼儿计划——执行的能力不够，或者是幼儿的合作能力不够，也可能是幼儿的搭建能力不够。

如果可以让每个小朋友都按照自己的想法来，那今天设定的主题目标也就没有达成，这又该怎么办？

区域活动和自主游戏本来就应该满足幼儿个体的需要，自由选择游戏主题和游戏内容的，当然应该尊重幼儿自己的游戏意愿。只不过在幼儿游戏发展的过程中，会越来越倾向于同伴之间合作的游戏，既然是合作的游戏，就必然会慢慢商议共同的游戏主题，然后大家围绕这个主题展开游戏情节。这个过程是幼儿自然发展的过程，教师只能适时推动，不能过于拔高。现阶段我们有些老师可能过高地估计了幼儿的合作水平，我曾经在一个大班见过教师要求全班38名幼儿分成两组，每组19个人共同搭建一个军舰，这样的合作是不可能实现的，所以，合作搭建军舰的主题目标必然也是无效的。一般来讲，幼儿阶段的合作通常就是2~6人，6个人的合作对于大班幼儿都有很大的难度。

另外，关于设定的"主题目标"，这里教师的理解是"主题名称"所蕴含的搭建作品，其实，真正的目标是幼儿发展目标，如果搭建火车站和搭建汽车站、停车场、飞机场等主题，并没有搭建技能上太大的差异，搭建的过程所涉及的能力和发展也没有太大区别，幼儿兴致勃勃地搭建自己的，又何妨？

最后，再强调一下，建构游戏属于创造性游戏的范畴，建构游戏的主题、建构过程中材料的选择和使用、建构过程中的合作交往，幼儿都可以自由选择和自主创造。教师可以采用做计划和主题建构的方式慢慢引导幼儿，逐步提升幼儿建构的目的性、计划性、合作性和建构游戏的水平，但这是一个较漫长的因势利导的过程，教师需要有耐心，学会等待、接纳和欣赏。

44.区域活动的规则有哪些？如何制订区域规则？

我们幼儿园年轻教师比较多，开展区域活动时最怕乱，老师们招架不了，请问区域活动规则有哪些？应该如何制订？

确实，一个班级几十个幼儿，全部自由选择区域、自主进入区域活动，如果不能有良好的班级常规，那真的是一场"灾难"，难怪老师们会头疼。所以，教师要在自己的班级建立必须的区域活动规则，并指导幼儿养成良好的规则意识，营造一个温暖、有序，又相互支持的班级氛围。

首先教师要弄清楚什么是规则，才能避免在制订规则时出现问题。规则通常是指运行、运作规律所遵循的法则。这里我们所说的活动规则是一种行为模式和准则，是对人在集体中的行为约束，即能做什么和不能做什么的规范性要求。

走过一些幼儿园，看到过很多挂在区域中的规则牌，是这样写的："要与小朋友友好相处""勤动脑动手""要有礼貌，要合作游戏""懂得谦让，玩具大家一起玩"……这其中很多表述是没有行为规范的意义的，比如"要与小朋友友好相处"，对于3~6岁的幼儿来讲，"友好相处"的含义是什么？每个幼儿的理解可能是不一样的。怎样做才算是"友好相处"？如果改成下面的就会更好一些：谁先拿到玩具谁先玩、不抢别人的玩具、不打人、骂人、说礼貌语言……只有具体规范到行为，对幼儿才算是有意义的规则。所以，区域活动规则不仅仅是教师期待的幼儿的良好状态，区域活动规则是对幼儿在区域活动每个环节的行为做出的约束性要求，以保障全班区域活动的顺利进行。

如何引导幼儿一起制订规则？

(1) 了解制订规则的必要性。若想让区域规则变成幼儿的自我约束，而不是教师强加，非常重要的一点就是帮助幼儿体验和讨论没有规则的糟糕局面，了解每个人都遵守规则的必要性。

小班初期教师可以分别陪伴幼儿选区进区活动，在活动的过程中让幼儿慢慢理解规则不是来自教师的要求，而是来自活动需要。中大班幼儿可以参与区域规则的制订，教师可以适时把区域活动过程中出现的问题抛出来，让幼儿讨论如何才能避免这些问题。如，吵闹、大声说话是区域活动时很常见的问题，教师可以请幼儿说说吵闹会对每个区域造成什么影响，然后讨论应该制订一条什么规则，以及如何表述这条规则。

幼儿参与规则的制订可能会有一些不那么确切的规则冒出来，比如幼儿提出"不能动别人正在玩的东西"，其实合作游戏时很难分得清你的我的玩具。没关系，只要全体幼儿都同意的规则就不妨先试行，在过程中再不断调整就好了。

(2) 区域活动规则的表述应该尽可能具体、明确、简洁、易记，多用正向的语言。如"小声说话"就可能比"说话文明"要具体多了，也比"不大喊大叫"更具有行为规范的正向的指导作用。

(3) 规则不要太多。若每个区域都有 5 条规则，8 个区域就会有 40 条规则，幼儿怎么可能会记得住、守得住？所以，最好围绕"不伤害自己、不伤害别人、不伤害环境"制订简单的几条规则就可以了。

区域活动应该有哪些基本规则？

要保障所有幼儿在自由自选的区域活动中都从容而有序地进行活动，那就必须要遵守如下基本规则：

- 谁先进区谁先玩，谁先拿到玩具谁先玩。
- 一次只能拿一件或一筐材料。玩好之后必须放回原处，才能再换材料或者换区域。
- 小声与同伴交流，尽量不打扰别人的活动。

● 活动结束时，必须收整好所在区域所有材料才能离开。

除了上述规则外，有一些区域可能还需要增加几条规则，比如：

美工区：穿戴好围裙、套袖后才能开始活动；若有不用的垃圾，要随时清理；换新的颜料时，要先洗笔。

生活区：必须要洗手、戴口罩后才能开始活动（参与制作餐食活动时）。

科学区：实验材料要遵照实验步骤和要求进行操作。

建构区：积木只用作搭建，不扔着玩；小心行动，避免碰倒自己和同伴的作品。

制订区域规则时，是否必须规定每个区域能容纳的人数？每个区设置多少人数是适宜的？

我看到很多幼儿园班级的区域规则中都有人数限定，有的 4 人，有的 6 人，有的 8 人，最多的也有每个区域 18 人的。其实，这里没有对错，只有是否适宜。区域是否需要控制人数？不一定。如果班级空间充足、创设的区域多、玩具材料充足，幼儿又在规定的 35 人之内，其实可以不设定每个区域的人数，幼儿可以自由选择任何一个区域玩，即使某些时候一个区域选择的人数比较多，也可以任由幼儿自由调节，即使出现等待、拥挤、抢玩具的现象，教师也不必着急。教师可以就此现象在活动过程中或结束后和幼儿一起讨论应对方法，指导幼儿如何选区，当自己喜欢的区域已经有比较多的人，没有自己活动的空间时可以怎么办。

另外，当一个区域人数真的经常超过 10 人时，教师就必须要重新审视班级区域的规划问题了，因为区域人数太多就会带来相互干扰的问题，教师需要重新规划区域的种类和每个区域的空间大小，并设法让其他的冷门区域热起来。

区域活动规则必须写出来或画出来挂在区域里吗？

不一定。就像我们现实生活中有很多规则，比如"不拿别人家的东西""公共场合小声说话""禁止吸烟"等一样，有些场合会有文字、符号提示，有些场合没有，并不需要所有的规则都挂满空间。

如果区域活动规则是幼儿自己讨论出来的，那么请幼儿画下来，挂在区域里，幼儿会有亲切感和遵守的内在动力；如果某些区域的幼儿总是控制不住大声叫嚷，像表演区、建构区等，教师可以有意识设计一个规则提示牌（小声说话）挂在那儿，也许就会有提示幼儿的作用。即使需要规则提示牌，在设计和使用时，也要注意：

第一，尽可能使用图画和符号，大量文字对幼儿没有实际意义。

第二，规则提示尽可能简单、醒目。

第三，根据需要悬挂最需要提示幼儿的规则图示，不一定把所有规则都画出来。

如果班级幼儿的常规很好，那就不需要非把规则画出来和挂出来，尤其不需要每个区域都挂一个区域规则牌。现阶段有些幼儿园把区域规则牌的设计当成区域环境创设必需的一部分，过于形式化。

制订好的规则，可以变化吗？

既然是大家共同制订的规则，那么规则一旦制订出来，就应该严格遵守，但是，有时候也可能会有变化，只是变化的主动权在幼儿手里。请看下面的案例。

案例

规则被打破了怎么办？

科学区新投入的电子积木成为孩子们的抢手货，每到进区时，常常发生争抢进区的现象。这一天，规定两人的区域进了三个孩子，但他们却没有因为多了一个人而发生争执。教师观察后发现，其中一个孩子大多处于"小工"的位置，看到别人需要什么材料，他就能很快找到材料并递过去。活动结束后，老师和孩子讨论了这一问题。

"今天去玩电子积木的小朋友都是谁呢？说一说你们的事情。"

"今天，我们三个人一起玩了，我们制作出了风扇。"

这时，立即有小朋友提出了异议："这里是两个人玩的，你们怎么进去了三个人？"

面对这样的异议，老师请大家讨论："进区牌限制两个人玩，他们进了三个人，可不可以呢？"

孩子们的意见分成了两派，一部分孩子认为："规定两个人玩，就应该进两个人"。一部分孩子认为："三个人能玩，也可以三个人。"老师听完他们的发言，引导孩子说："今天他们是三个人玩的，我们听一听他们的意见。"三个人说出了他们的理由："豆豆是最后来的，他很想玩，我们两个就让他一起玩了。"豆豆说："我看他们玩，还给他们找材料。"老师问豆豆："那你愿意这样玩吗？"豆豆说："我愿意。"讨论到这里，老师想到进区规则的问题，有了今天的事情，下一步，很可能会经常出现三个人进区的现象，这意味着原定规则要被打破，这怎么办呢？"孩子的问题，还要孩子们来决定。"随后，老师征集孩子们的意见："那以后玩电子积木的时候，我们是三个人一起玩，还是两个人一起玩呢？"有了他们三个人一起玩的经验，孩子们大都选择了三个人一起玩。此时，老师给他们提出了三个人一起玩的要求："三个人一起玩，这是大家都同意的，要想三个人也能玩得好，商量、合作很重要！"

（山东省淄博市市直机关第一幼儿园 张彩霞）

45.如何培养幼儿遵守规则的意识和能力？

班级老师最头疼的就是幼儿不遵守区域活动规则了，那会让班级很乱，教师也很累。请问该如何培养幼儿的规则意识？如何让班级区域活动有序而不压抑？

其实区域活动中的常规建立，和班级一日生活中其他活动的常规培养一样，没有什么特别的。小班是非常关键的一个学年，如果小班教师特别注意幼儿常规的建立，中大班教师就基本不需要为此烦恼。

在培养幼儿区域活动规则方面，教师需要把握以下几个要点：

(1) 一旦确定为班级规则，无论是什么理由，无论是哪个教师在场，所有幼儿和教师都必须遵守。教师应该做出良好的表率，比如一个在班级里总是大声嚷嚷的老师，怎么可能让幼儿都学会小声说话呢？

(2) 教师不要怕烦，每次区域活动之前都提示幼儿必须的规则或者常出现的规则问题。小年龄段的幼儿，具有以下特点：第一，比较自我中心。第二，认知经验有限，对于自己的行为后果缺乏预见性。第三，自控能力比较低。所以，教师不能期待讲过的规则，幼儿就能记住并遵守。幼儿遵守规则的意识和能力的发展是一个长期的发展过程，即使到了大学阶段，教师不也是要和某些不遵守规则的学生时时进行"拉锯战"吗？

(3) 及时反馈，有助于强化幼儿的规则意识。每次区域活动结束时的分享，既包含对活动过程、活动中的问题的分享和讨论，也应该包括区域规则的遵守的讨论。教师应该及时反馈每个区域幼儿遵守规则的情况，并让幼儿参与有关规则的讨论，这有助于全班幼儿进一步明晰区域活动规则。

(4) 关注个别极易出现规则问题的幼儿。尤其是喜欢恶作剧式地破坏别人作品，甚至以此取乐的幼儿，教师需要思考这个幼儿深层次的内在需求，反思自己平时忽略了什么，或者什么样的师幼互动方式助长了幼儿的消极行为。

(5) 运用适当的惩罚措施进行规则的强化。容许幼儿违背规则，第一次、第二次教师会提示，第三次就必须接受惩罚。这里必须要说明两点：第一，惩罚不是体罚，不可以对幼儿的身体和心灵有任何伤害。第二，教师不能滥用惩罚。第三，惩罚之前要简单说明原因，惩罚之后要给予鼓励。

惩罚可以采用"安静隔离"的方法，即剥夺区域活动的权利，安静在某个地方（专门的惩罚区）坐几分钟。被隔离的时间不可以太长，时间太长就叫变相体罚。一般幼儿被惩罚隔离的时间与其年龄差不多，即小班3分钟左右、中班4分钟左右、大班5分钟左右。

小班幼儿入园后，会对区域里的各种活动各种材料都感兴趣，但是却总是弄得乱七八糟，最后的整理是一个大工程，怎样才能尽快改善这种状况，让小班幼儿迅速建立活动常规？

迅速建立区域活动常规是老师期待的，但却是很难实现的目标。第一，区域多，活动内容多，每一种活动内容不同，要求也不同；第二，幼儿多，要培养全班二三十个幼儿同时具备良好的活动常规，没有速成的方法；第三，常规的建立在任何一个孩子那里，都会有无数次的反复。所以，教师需要跟进每个孩子，具备足够的耐心、细致的关照，更需要平常心。与孩子们共同生活的每一天，幼儿园三年的时间里，教师每一天都会面对幼儿的规则问题。小学老师、中学老师也一样。

小班初期设置区域时不追求区域数量多，最好的办法就是三位教师分别带三组幼儿进入区域，陪伴幼儿一起玩。在陪伴的过程中，一点一点帮助幼儿建立活动常规。因为每位老师只带 6~8 个幼儿，所以，玩的过程就能够关注到每个幼儿的行为，从取玩具到玩完放回橱柜的相应位置，教师都能够一一跟进。

小班最初应该建立的区域活动常规有以下几点：
- 取玩具筐子时观看橱柜标识图，玩完再放回原位。
- 谁先拿到玩具谁就玩，不能抢别人的玩具。
- 玩具只能用来玩，不能扔，更不能用来打人。
- 音乐响起时，需要收拾玩具归位。

小班幼儿区域常规的建立是一个循序渐进的过程，老师不能着急，当幼儿什么都好奇、什么都想玩的时候，老师需要运用语言和动作示范给幼儿看，让幼儿慢慢知道玩一件，收一件，才可以再玩下一个玩具。耐心和坚持是小班教师必须要具备的关键素养。

幼儿在区域活动过程中经常会出现一些破坏行为，比如，在建构游戏中，把同伴刚搭建好的大楼推倒，会在别人的画作上乱涂一气等，教师该如何引导这样的幼儿？

其实，对于个别幼儿在区域活动中出现的破坏行为，教师一定要先有对这个幼儿的了解，才可能会有应对的策略。破坏行为是来自报复？（某个孩子惹我不高兴了，所以，我破坏他的作品解气。）还是来自无聊、寻关注心理？还是来自极端的负面情绪？……

对于幼儿破坏别人作品的行为必须严格叫停。如果幼儿的行为来自报复或其他负面情绪，教师需要了解清楚，先给予情绪上的安抚，再谈破坏别人的作品的错误问题，最好让幼儿清楚情绪不好的时候，可以做什么和不可以做什么，明确边界；而对于幼儿无聊的行为引发的破坏行为，教师则需要思考是材料还是个体的能力有问题，如何引导幼儿专注而深入地玩；对于幼儿恶作剧式的消极行为（如故意发出怪叫声，但无伤害）则采用忽视的策略（不看、不听、不批评、不询问），而平时只要幼儿出现积极的行为，立刻给予关注和肯定。

46.区域活动过程中的幼儿冲突该如何解决？

区域活动时幼儿争抢玩具时有发生，教师要不要管？怎么管？怎么能保证孩子在游戏期间不发脾气、不打人，可以通力合作真正投入游戏？

这个问题也与规则有关系，区域活动中最常见的就是同伴冲突问题。6岁以前的幼儿因为自我中心，也因为自控能力比较低、喜欢模仿别人，所以就会喜欢别人的东西，即使自己手里有一样玩具，也要别人手里的东西。有些幼儿会表达，而更多的低年龄段的幼儿会直接从别人手里抢，所以，这与幼儿的社会性发展水平有直接的关系，但与幼儿的品德没有关系。在教养孩子的过程，需要家园一致帮助幼儿，提升幼儿的自控能力，学习简单的社会交往技能。

(1) 帮助幼儿明确所有权和边界

一个 1~2 岁的幼儿，看见喜欢的东西就想据为己有，即使这个东西已经在别人手里了，很正常。但是一个 3 岁以后的幼儿，尤其是进入幼儿园集体生活中的幼儿，必须要慢慢明白哪些东西是自己的，哪些东西是别人的，哪些东西是幼儿园的，属于大家，这就叫作所有权。自己的东西自己有处置权，不想分享的时候可以自己守着玩；别人的东西不能随意动，若想玩，必须征求别人的意见，别人不同意就不能动；幼儿园里的东西，只能在幼儿园里玩，不能带回家。区域活动的时候谁先拿到谁先玩，玩完，必须物归原处……这就叫边界，也就是规则。这些规则是保护所有人的权利，也是幼儿园集体共同生活的必须。

(2) 引导幼儿学会用语言表达需求

区域活动时发生的很多冲突大多与争抢玩具有关。在养育孩子的过程中，无论是父母，还是教师一定要教会幼儿学习运用语言表达感受和需求。我们发现小年龄段的幼儿通常会存在三种不适宜的需求表达方式：

- 一是不说，只是委屈、不高兴、哭泣，需要父母猜。
- 一是大哭大闹，因为只要大哭大闹，愿望就会立刻达成。
- 一是自己动手抢。只要想要什么东西，就会立刻动手抢。如果从父母或其他成年人那里抢到东西，得到的反馈是快乐的笑声，或者从别的孩子那里抢到东西，也没人管束，可能就会助长这个孩子抢东西的行为。

所以，从孩子一周岁学会说话开始，父母就应该教孩子学习用语言表达自己的感受，比如"我饿了，想吃苹果""我累了，想睡觉""我不高兴，因为他不跟我玩""我很难过，因为妈妈要出差"……成人要尝试理解幼儿的感受，并与幼儿共情。当幼儿有需求时，也让幼儿学会用语言表达自己的需求，而不仅仅是动作，比如，当幼儿说"我想玩那个小汽车"时就拿给他，如果他仅仅指着东西嗯嗯叫就不能玩小汽车；如果他能用语言说"我也想玩滑梯"时就带着他有序排队参与滑梯游戏，如果他仅仅往前跑，并推倒别人时，就把他带离滑梯，温和地给他讲清楚应该如何说、如何做。

(3) 帮助幼儿学会接受否定的回应，避免过于情绪化的对抗

往往在我们想要什么东西而不得的时候，就会有不良的情绪，就想要发泄

不良的情绪以使自己得到平衡，成年人应该尽可能理解幼儿，并教会幼儿如何不伤害自己或别人地进行情绪宣泄。

第一，让幼儿明白：别人的东西、别人的游戏空间都属于别人，别人有权利拒绝自己。在养育孩子的过程，一定不能凡事都迁就他，让孩子学会接受拒绝是很重要的成长体验。

第二，让幼儿从小就明白如何表达自己的消极情绪，可以做到不伤害自己，也不伤害别人。比如，被拒绝时可以说"我很难过""我不高兴""我就是很想要小汽车"……被拒绝时可以回到自己的空间大声喊叫，但不破坏房间内的任何东西。班级内若有一个情绪发泄区，可以摔摔枕头什么的，当然也可以。被拒绝时可以找自己最喜欢、最信赖的人说说话。被拒绝时也可以去选择自己最喜欢做的事情，转移情绪……

(4) 教会幼儿用温和的方式得到想要的东西，学习社交技巧

生活在幼儿园集体中，要学会一些社交技巧，才能更好地享受同伴游戏。比如：

● 交换。若想要别人手里的玩具，试试用手里自己的玩具换换是否可以。

● 轮流。别人正在用的东西，或者正在享受的游戏权利，试试看可否在所有的小伙伴之间轮流玩。

● 等待。如果别人正在玩的东西，我也想玩，就可能需要等待别人不玩了才行，因为那是他的权利。

● 协商。协商是运用语言进行的"谈判"，最终达成的结果一定是双方都欢喜的结果。

● 妥协。如果别人不肯退让，我们也必须得学会妥协，有时候适当的妥协可以保持和谐的局面不冲突。妥协不是某个人一味地退让，一味地退让只会造就懦弱的孩子。

我们班有一个幼儿比较强势，在区域活动中始终处于主动支配地位，当有幼儿不配合时，他就会大声指责或威胁别人：我再也不跟你玩了！不要你在这里玩，你走！面对这样的幼儿该如何指导？如何

帮助游戏中的弱势幼儿？如何帮助幼儿融入同伴游戏？

强势的幼儿与个性有关，更与养育过程中的娇惯、纵容有关。所以，针对这样的幼儿，忽略和不理会是比较好的办法。比如，如果他在游戏中一味地要求和指责别人，经常威胁别人：我再也不跟你玩了！——只要教师介入时，和弱势的幼儿结成群，"另立山头"，玩出自己的游戏，就会让强势的幼儿慢慢找到自己的地位，寻求与同伴相处的技巧。当然，这个过程也需要教师利用恰当的契机，多与幼儿进行交谈，让强势的幼儿明白如何和同伴说话才能有好的效果。

一般来讲，这位老师描述的所谓强势的幼儿，在班级中也会是能力比较强，比较受教师关注的孩子；有点领袖天赋或者说有点控制欲的孩子；喜欢表达表现、喜欢被关注、喜欢逞强；也喜欢和小朋友一起玩、比较外向、也容易情绪化……对这部分幼儿，教师有时候需要忽略，有时候需要给予他们充分表达和表现的机会，有时候需要给予他们任务和责任，让他们得到足够的认可。

对于游戏过程中一直弱势的幼儿，教师可以采用以下方法给予支持和帮助：

- 单独的关注和陪伴，在陪伴游戏的过程中，引导幼儿学习与同伴游戏的技巧。

- 教师与他结成一伙儿，或与关系亲近的幼儿结成一伙儿，让幼儿在游戏中感觉自在和游戏乐趣。

- 在群体中经常给予肯定和鼓励，增强幼儿自信心和自尊水平。

47.区域活动时该不该让幼儿安静有序地玩耍？

在进行区域活动时我班教室里总是很吵，幼儿喜欢一边玩一边交流自己的想法和体会，有什么方法可以让幼儿安静有序地玩？

作为教师，都希望班级里无论什么时候都能安静有序，这样教师的感觉就轻松多了，也舒服多了。可是，如果换个角度想呢？如果你是个孩子，你喜欢怎样？当然是喜欢自由自在，喜欢跑来跑去，喜欢放声说笑了……"幼儿一边玩、一边交流自己的想法和体会"有问题吗？——没有问题啊，这是他们的权利。既然区域活动是幼儿自由自在的活动，幼儿就有权利边玩边表达呀。要求一群 3~6 岁的幼儿只是"安静地玩"，怎么可能？所以，教师首先要理解幼儿，有接纳的心态，对班级区域活动的"安静有序"有合理的期望值。

每当多个孩子参与游戏时，他们时常会因玩得兴奋而有些吵闹，可是又想保护孩子好玩的天性，不忍心打断，对此现象教师该如何正确引导？

一方面要保护幼儿爱玩爱闹的天性，另一方面还需要保障班级几十个幼儿在室内有序地进行区域活动，确实很矛盾。教师需要注意几下几点：

● 教师和幼儿说话时，保持适宜的语调和声音，绝不高声叫喊，给幼儿做出良好的表率。

● 室内教师尽可能不用哨子和扩声器等设备。最近去过一些幼儿园，发现很多幼儿园为老师配备上了扩声设备，有些条件不太好的幼儿园则为老师们配上哨子，据说这样可以帮助老师。反过来想想，这些设备是不是也增加了噪音，同时消减了班级的温馨氛围呢？

● 让幼儿分清楚室内、户外空间的不同，只有在户外可以大喊大叫、跑来跑去。若在室内，必须养成小声说话、走而不是跑的习惯。

如果区域活动时，幼儿因为一时兴奋而出现吵闹现象，教师只需要小声提示一下即可。

班级各区域间总会相互干扰。比如建构区的大积木会不小心碰撞发出声音，音乐游戏和表演游戏的音乐太吵。所以，区域活动时，有些孩子玩着玩着就不自觉地声音变大了，这该怎么办？

关于区域之间的相互干扰问题，必须要说明一下，只要班级有多个区域存在，就一定不会完全消除相互间的影响，无论是教师，还是幼儿，都需要习惯身边总会有一定的噪音，学会在一定的噪音中沉浸于自己的活动，学习专注与投入。

建构区域的积木会不断发出碰撞声（铺设地垫会减少噪音，也会保护积木），表演游戏区会有音乐声传来，这些都属于正常的声音，班级很难完全避免，只需要控制在一个合理的范围之内就好。如果幼儿控制不住地声音大起来，教师可适时提示一下。

前面也谈到过其他的处理方法可以借鉴，比如，把相对动的区域和静的区域分割在两个空间中，或者分割在两个时间段里进行。

48.是否应该鼓励各个区域之间的互动交往？

去别的幼儿园参观的时候，看到孩子们在各个区域之间来来往往，这样一对比，是不是我们让幼儿在固定区域里玩就太落后了？是否应该鼓励各个区域之间的互动交往？是否应允许幼儿将各区材料混合游戏？

确实，我也看到过不少幼儿园区域里的互动游戏，如餐厅人员去益智区、美工区等各个区域送外卖；快递公司的人员更活跃，全班各个区域都跑来跑去送快递；娃娃家妈妈带娃娃去理发店理发、去照相馆照相、去剧场看演出……所以，我们看到了幼儿游戏极为"繁荣"的一面，可是，另一面呢？比如：

● 这种繁荣是幼儿游戏的自然发展结果，还是教师有意导引的结果？是游戏所需要的互动，还是教师想要看到的互动？

● 是否所有的区域活动都适合参与到互动中来？比如，美工区、益智区、科学区、建构区中的幼儿是应该专注于自己的游戏，还是不断地被外卖、快递打断？

● 如果幼儿不能在一个区域中玩出内容和深度，盲目地引导到热闹的互动穿梭中，是否可能消减游戏的发展价值？

● 区域之间的互动交往主要指向幼儿的社会性发展，是否所有的区域的核心价值都指向儿童的社会性发展？

如此说来，"娃娃家妈妈带娃娃去理发店理发、去照相馆照相、去剧场看演出……"类似这样的互动没有问题，因为娃娃家、理发店、照相馆、剧场等都含有社会性交往的特质和价值，游戏本身也是以幼儿的社会交往为核心的。所以，区域之间的互动有助于鼓励幼儿在社会性游戏中进行有意义的交往，丰富和拓展游戏的内容。但是，快递公司、外卖公司人员不停地跑到美工区、建构区、益智区、科学区等这样的区域就不合适，因为会打断这些区域的幼儿的活动，成为幼儿专注活动的干扰因素。

区域活动中，大辰在娃娃家做好饭后，问道："老师，我可以把饭送给建筑区的小朋友吃吗？他们都饿了。"我想这正是鼓励和支持孩子交往的好时机，于是便同意了。没过一会儿，大辰说："他们又饿了，我去送饭。"我没有表示反对。当大辰打算第三次去送饭时，我说："别送了，他们吃多了会不消化的。"大辰马上说："那我去送水。"他就这样在娃娃家和建筑区之间行走。其他孩子见了，也纷纷要求去送水、送饭、送毛巾。孩子们不停地穿梭于区域之间，有的孩子还趁机打打闹闹。这让老师真的很困惑，遇到这种情况，老师该怎么办？

要想知道怎么办，我们需要先了解问题出在哪儿了——当然是教师对于不同类型的区域活动的认识上。"我想这正是鼓励和支持孩子交往的好时机"——对于娃娃家的小朋友来说，他们需要交往，但是对于建构区的小朋友们来说，他们的建构活动是否需要与娃娃家的幼儿互动来支持？当然不需要。娃娃家的小朋友不停地来送饭、送水、送毛巾等不仅没有支持和推动幼儿的建构游戏，而且正相反，那就是阻断了幼儿深入的持续的建构游戏，会让建构区的小朋友分散注意力，也会让建构游戏难以继续下去。

在班级区域设置时，教师应该考虑到幼儿的社会性交往的需求，班级多设几个社会性交往的区域；在区域活动前或后，教师需要和幼儿讨论送快递和送外卖的小朋友可以往哪儿送，怎样既满足自己的游戏需要，又不会干扰别的小朋友的专注探索。

听说某些地方的游戏经验中强调不再分区域投放玩具材料，而是设"玩具材料超市"。玩具材料分门别类投放在橱柜中，幼儿想玩什么就玩什么，想怎么玩就怎么玩。我们又困惑了，不知道区域的材料是否该允许孩子们随意混合使用。

设"玩具材料超市"或者把玩具材料分门别类地投放在橱柜中，不再把区域分割得那么细，最适合的就是创造性游戏，尤其是角色游戏和表演游戏。这也是我们前面谈到过的一个问题（角色游戏区是否可以不用划分那么具体的区域），在这种类型的活动中，幼儿每天都可以根据自己个体的意愿，选择材料，自主地玩出自己的主题和游戏情节。因为没有小医院、小餐厅、娃娃家、理发店、快递公司等区域的标识，幼儿反而可以玩出像梦幻城堡、太空超人、林中大战、恐龙骑士等超越教师预设的很多丰富多彩的游戏主题，所以，这样的环境对于幼儿来讲，是一种解放。但是，对于学习性特征突出的益智区、生活区、科学区活动，因为具有明晰的目标导向和操作流程，最好还是在具体的区域空间中进行，我们不主张幼儿随意用做实验的干电池玩堆高游戏，也不主张幼儿用下飞行棋的骰子随意玩投准的游戏。如果学习性区域活动材料也是分门别类投放，幼儿想怎么玩就怎么玩，那也就丧失这些玩具材料应有的发展价值。

如此说来，区域材料是否该允许孩子们随意混合使用的问题，需要辩证思考和对待，不可一概而论。

49.建构游戏中的主题建构应该占多大比例？如何提高幼儿主题建构的兴趣和水平？

我们都知道各年龄班幼儿游戏发展水平不一样，那么主题建构与自由建构这两者各占多少比例更合适？小班就开始进行主题建构游戏吗？

建构游戏分类的角度不同，类别也就不同。按照游戏是否有先设定的主题，可以把建构游戏分为主题建构和自由建构。

一般来讲，积木搭建游戏的主题基本以建筑物为主，如高楼、高架桥、商场、图书馆、动物园、游乐场、学校、幼儿园等。拼插的积塑玩具搭建主题可以更广泛，一般以幼儿熟悉的环境中的物品为主，如桌子、花朵、大树、枪、大炮、坦克、汽车等。其实，无论是什么材料的建构游戏，主题都可以很灵活，可以随幼儿兴趣和经验所致，百花齐放。

幼儿建构游戏的内容可以预设，也可以自由生成。所谓主题建构就是游戏前先预设游戏主题，再按照游戏主题的特点和要求进行有目的的建构游戏。所谓自由建构，就是每个幼儿都按照自己当下的经验和兴趣，自主地在建构游戏中表达自己的想法和意愿，最后呈现出来的作品就是幼儿的建构主题，幼儿怎样表达都可以。

通常，主题建构有助于提升幼儿建构的目的性和计划性，也需要幼儿在建构之前就先观察和了解建构主题的风格和特点，再想办法运用建构材料、采用建构技能表现出来。在主题建构过程中，更容易遭遇问题，这些问题会涉及所需材料不足的问题、稳定性欠佳的问题……如果是自由建构，有些幼儿遇到问题就会"取巧""避重就轻"变更建构内容，但主题建构过程不可以，必须面对并解决问题才能完成建构主题。所以，主题建构既有目的导向，又兼顾过程导向和结果导向，对于提升幼儿的建构技能和建构水平会更有帮助，尤其对于幼儿解决问题的智慧提升有帮助。

通常年龄越小的幼儿目的性、计划性越差，建构游戏过程中主题的稳定性也较差。即使进行预设的主题建构，幼儿的建构过程也可能会变来变去，作品呈现出的主题可能也不那么清晰明确。所以，年龄越小，越适合自由建构，幼儿会在不断的自由建构中走向较稳定的主题建构。

如果非要确定一个小中大班主题建构的比例，那么我建议小班主题建构的比例从 0 开始，慢慢发展到 20% 左右；中班慢慢发展到 40% 左右；大班主题建构的比例可以慢慢达到 80% 左右。其实这样的数字并不那么科学，因为不同的幼儿发展水平不一样，建构经验的多少不一样，教师指导的结果也不一样，所以，这里出现的数字仅供参考。

小班的建构游戏，需不需要教师设定建构主题？如果不设主题，有的幼儿会漫无目的地玩，如果设置了主题，又会出现幼儿不太会玩，该怎么办？

要回答这个问题，首先还要弄明白，主题建构游戏的"主题"从何而来的问题。我们前面所说的"主题"，并非是由教师单方面"设定"。虽然主题建构中的主题是预设的，但预设的过程需要幼儿的参与；需要教师对于幼儿前期经验的了解和把握；需要教师对于幼儿前期建构游戏的细致观察。主题可以来自于教师与幼儿平等地交谈；主题也可以来自幼儿小组的协商；主题也可以来自幼儿自己的计划……

小班幼儿的建构游戏特点有以下几点：

- 缺乏明确的目的性，建构的计划性也较差。
- 建构过程比较随意，主题也容易变化。
- 建构作品简单，建构技能以垒高、铺长为主。
- 喜欢独自建构，很少合作行为。

所以，小班上学期通常以自由建构为主，让幼儿在自由自主的建构过程中，不断熟悉材料，积累经验，在不断重复中螺旋式提升建构技能。到小班下学期时，教师可以运用幼儿熟悉和喜欢的情境，慢慢引导幼儿进入主题建构中。如运用幼儿喜欢的《三只小猪盖房子》的故事，引导幼儿建构不一样的房子。创设给小动物铺设上幼儿园的小路的情境，进行"铺小路"的主题建构。

如果出现前面老师说的"不设主题，有的幼儿会漫无目的地玩"的问题，教师需要明确小班幼儿的建构特点，对幼儿的建构有合理的期望值。每个幼儿都是从"漫无目的"的随意动作开始的，这个时候如果教师请幼儿对自己的作品命名，那就可能会提升幼儿建构的目的性。当然，"平行指导"也是一种很有意义的指导方式。所谓的"平行指导"就是教师在幼儿的旁边也玩同样的材料，比如当教师发现幼儿漫无目的地玩的时候，教师拿起建构材料开始搭建"小房子""高楼""飞机"等主题，边动手做边自言自语，教师这样的行为自然会给予幼儿示范引领。

如果出现上面老师说的"设置了主题，又会出现幼儿不太会玩"的情况，那就说明教师预设的主题，脱离了幼儿的已有经验，不是幼儿能力所能达成的，所以，教师需要调整的是主题的来源的问题。

分组建构时，有的幼儿不根据主题建构，喜欢自由搭建，就喜欢搭建飞机、大炮，或者拼插很长很长的枪，不愿尝试拼插其它物品，老师应该如何引导？

前面说过，主题建构中的主题应该来自幼儿的兴趣、经验或者幼儿自己的计划、小组的协商，可是在幼教实践中一些幼儿园的建构主题基本都来自主题教学中的主题，强调幼儿的建构游戏主题要跟随教学主题，这可能就会导致部分幼儿不感兴趣。

如果幼儿喜欢搭建飞机、大炮，或者拼插很长很长的枪，那么这就是幼儿的建构主题，不能与现阶段的"我爱我家"主题课程相吻合，那又有什么关系？无论是搭建"家"，还是搭建"飞机、大炮"都可以达成"发展幼儿自主建构和创造性表征的能力"的目标，搭建的具体内容只是载体，实现发展目标的路径，教师何必对此纠结？

如果教师想要引导幼儿在此基础上的发展，可以采用下面的方法：

● 提示幼儿设计自己的搭建主题和搭建计划，发展幼儿建构的目的性和计划性。

● 请幼儿小组讨论搭建的计划，提示幼儿思考怎样搭建出更高级、更厉害的飞机大炮。

● 每次活动结束时都请搭建的幼儿来分享作品和经验，激发幼儿搭建的作品越来越复杂和完整。

● 自然地引导幼儿搭建的作品与主题课程中的主题靠近，如"我爱我家"主题，所以需要建构厉害的武器保卫家园，这个过程就是引导幼儿尝试搭建其他物体、逐步丰富建构作品的过程。

我班孩子在刚开始玩积木时，积极性很高，可玩了几次以后兴趣就降了下来：有的孩子干脆搬来一节圆木，两人面对面坐着聊天；有的孩子仅限于搬运，而没有了搭建的兴致。为了丰富孩子们头脑中的形象，我寻找了许多积木搭建的成品照片，可问题又来了，他们往往会到老师身边问："老师，那个怎么搭？我不会！"

刚开始幼儿对搭建积木感兴趣，积极性很高，为什么玩了几次，兴趣就降下来了呢？孩子们宁愿聊天和搬运积木，也不愿意搭建，很可能搭建了反而不讨好，得不到积极的反馈，也可能和幼儿对自己的能力认识有关系。后面老师的描述也印证了这一点，"老师，我不会！"——这可能是最需要老师反思的一点，只要班级的孩子们在游戏时、美术活动时说"我不会"的，大多与教师前面对于孩子的引导和评价有关系。

按理说，搭建积木不存在"会不会"的情况，积木是最富有变化和创造的玩具，怎样搭建都可以。没有标准对照，更没有对错之分，能力强的孩子和能力弱的孩子都可以在这样的活动中自在沉入游戏，表达和演绎自己的意愿和想法，感受摆弄、控制积木的美好感觉，感受创造一个新物品的喜悦和成就感。你搭建一个16层的高楼，我搭建一个6层高的高楼有同样的创造喜悦感。你搭建一个复杂的体育场，我搭建一个简单的动物园，同样满足，同等荣耀。

如果想要改变这种现状，教师需要做出如下调整：

● 对于所有幼儿的搭建作品给予足够的关注和肯定，让幼儿看到和感受到自己搭建的能力，重塑自信心。

● 搭建结束时，全体幼儿观赏搭建的作品，让观看的幼儿描述作品的优秀，让搭建的幼儿感受到被认可的骄傲。

● 撤掉前面老师说的"我寻找了许多积木搭建的成品照片"，取而代之的是自己班级孩子们的搭建作品。

● 教师经常参与幼儿的建构游戏，表现出兴致勃勃的情绪状态，来带动孩子们，但是搭建的时候不能老想着教孩子搭建，而是尊重和跟随孩子们。

● 经常和孩子们一起外出参观有特点的建筑物，引导幼儿关注和细致观察身边的物体形象。

50.建构技能教师可以教吗？该如何教？

都说建构游戏属于创造性游戏，那既然是创造性游戏，教师能教幼儿建构技能吗？教多了，是不是就像灌输知识、技能一样了？该如何把握"教"的尺度？

答案是：能教。有教师指导和教师无指导的建构游戏结果一定大不相同。

问题是：该如何教？

纯粹教建构技能？——那叫训练。大量的技能训练必然会带来伤害，伤害幼儿的建构兴趣和自主性表达；伤害幼儿在建构游戏中的想象和创造；伤害幼儿的自我效能感和自信心。过于强调技能训练，也必然导致游戏不再是幼儿自己的真游戏，而变成必须完成的任务。

所以，建构游戏过程中的指导更多趋向于开放的隐性指导。例如：

● 建构前的参观、视频观赏、建筑物图片观察，这些都可以为幼儿的建构做好经验的铺垫。

● 教师经常和幼儿一起进行关于建筑或物体形象特征的主题讨论会。

● 建构区投放一些幼儿近期感兴趣的建筑物或物体形象的图卡，幼儿建构时若需要，可以参考。

● 教师们也会经常进行建构游戏的体验活动，并请幼儿评判和欣赏教师的建构作品。

● 教师注意观察幼儿的建构过程，能够发现幼儿遇到的问题和解决问题的过程和智慧，建构结束时，引导幼儿分享和讨论问题，并探讨更多解决问题的方法。

● 提示幼儿合作建构也是一种很好的学习方法。

● 建构结束时，教师能认真倾听幼儿对自己作品的描述，并记录下来。重视幼儿在建构过程中的感受、体验、合作、解决问题的能力等方面经验的获得。

● 每次建构活动结束时，教师都引导幼儿参观孩子们的建构作品，或者举行建构作品赏析会。

孩子们在学习一种新的搭建技能的时候，教师应该如何进行指导？应该指导到什么程度？

幼儿搭建技能的提升是一个缓慢的、循序渐进的过程，有时候甚至是原地重复、螺旋式提升的过程，教师不能因为看到别的幼儿园的孩子们具有较高的建构技能，就回来教自己的孩子，以期快速提升幼儿的建构技能。

从积木建构技能的角度来讲，通常小班的幼儿喜欢垒高和铺长；中班的幼儿喜欢在原有的基础上再架空和围合，真正发展到三维空间的立体建构水平了；大班的幼儿会有更多的技能，如对称、中心点支撑、转向、盖顶等，而且大班的幼儿会灵活运用多种建构技能解决遇到的问题。

这里需要注意的是，建构技能的提升虽然会有年龄段发展的相似性，但个体差异也很大。所以，建构技能不能像教师预设的教学活动一样，安排在某个月的某个时间里统一进行。如此说来，也不存在"孩子们在学习一种新的搭建技能的时候，教师应该如何进行指导"这样的问题。不同的幼儿会在不同的时间段里学习某种建构技能，而这种学习可能发生在自己的建构过程中，是不断试误、探索出来的；也可能是模仿同伴学习的结果；也可能是观察某个建筑物时的顿悟；也可能是来自小伙伴的作品分享……总之一句话，我们不主张在同一时间教师教所有的幼儿来学习某种建构技能。

51.如何引导幼儿分工合作进行建构游戏？

建构区是孩子们进行创造性游戏的最佳场所，但是小班和中班幼儿合作意识比较弱，请问，建构区如何指导幼儿进行分工合作？

诚然，建构游戏是幼儿喜欢的创造性游戏，因为富有变化而具有无穷魅力。既然是创造性游戏，就必然会尊重幼儿自己的游戏意愿，幼儿自主地选择材料，进行自由的建构，当然也包括建构过程中的主题选择、伙伴选择。所以，既然小班、中班幼儿合作意识弱，教师又何必非要幼儿合作呢？

有一次讨论时有教师这样说："在玩积木搭建游戏时，材料往往是有限的，孩子们一起搭出来的建筑物规模比较大，而孩子们习惯每人一摊，受积木块数的限制，往往搭出来的效果不怎么好。虽然我们老师经常教育孩子要一起合作和分享，也建议他们一起合作完成，但是能做到的非常少，有什么好方法能将团体意识渗透在每日的区域活动中？"——如此说来，合作建构不是孩子们的需要，而是教师的期待，教师期待孩子们利用有限的材料搭建出有规模、看起来很宏大的作品。所以，需要解决的不是幼儿的合作意识的提升的问题，更需要解决的是教师如何看到合作的问题。

如果"孩子们习惯每人一摊"，说明幼儿处于独自游戏或者平行游戏阶段，并没有进入合作游戏阶段。从儿童社会性发展的角度来讲，儿童从独自游戏—平行游戏—联合游戏—合作游戏，需要经历漫长的发展过程，是经历日复一日、循环往复的生活和游戏过程，自然发展的结果，而不是教师教会的结果。通常小班的幼儿处于独自游戏和平行游戏阶段，中班幼儿处于平行游戏往联合游戏发展阶段，大班幼儿处于联合游戏往合作游戏发展阶段。当然，幼儿的社会性发展水平的个体差异也很大，这受幼儿个性、环境、家庭教养等很多方面的影响。

合作游戏对于幼儿的社会性发展水平和社交技能要求较高。在一起玩并不等于合作游戏，只有幼儿具有明确的团体合作目标，围绕目标进行分工协作，才算是真正的合作游戏，其实大班幼儿也仅仅处于合作游戏的初级阶段。

提升幼儿的合作水平，可以从以下几方面入手：

● 基于幼儿原有水平的小步子策略。小班幼儿游戏时能不抢别人的玩具，用语言表达需求就很好；中班幼儿能做到2~3人在一起好好玩就很好；大班幼儿能围坐在一起讨论建构主题和遇到的问题就很好。

● 鼓励幼儿独自面对和解决游戏过程中的矛盾冲突，减少对成人的依赖。

● 经常组织幼儿一起讨论游戏中出现的问题和解决问题的多种办法，提升幼儿社交技巧是提升幼儿合作能力的关键。

● 游戏活动结束的讨论分享，也包括合作游戏方面的经验和问题，而不仅仅是作品。

建构游戏中，幼儿自由结伴，分组搭建。能力强的幼儿总是积极主动搭建，能力弱的幼儿总是喜欢做一些辅助性的工作。如：搬运材料、进行简单装饰等，教师如何看待幼儿的这种行为？要不要进行干预？

这位老师描述的问题真的是一个很重要的问题，需要引起所有老师的关注。

第一，教师不能有意识鼓励这种分工。有一次去幼儿园看孩子们的主题建构活动，看到的是教师有意识让幼儿分成搬运组和搭建组。当然搬运组的幼儿就只是搬运材料，如果这样的话，那请问幼儿发展的是哪方面能力？如果在建构游戏中不参与建构过程，那就是对建构游戏的浪费。即使幼儿自己愿意，也不鼓励。

第二，鼓励幼儿做计划时进行分工，而分工指的是建构的内容，比如你负责建构游乐园中的大滑梯，我负责游乐园中的过山车的搭建。

第三，适当的时候，教师可以陪伴能力较弱的幼儿一起搭建，并在搭建的过程中给予幼儿足够的鼓励，以增强其自信心。

第四，作品分享环节不进行作品好坏的比较，尤其需要关注和分享能力较弱的幼儿的作品。

52.区域活动结束后教师应该奖励表现好的幼儿吗？如何评价幼儿的作品？

我班区域活动结束时，会请幼儿自由交流，比如：在哪儿玩的，怎么玩的，有什么收获……玩得好、表达也好的小朋友可以获得小贴纸作为奖励，请问这样做可以吗？

区域活动结束后组织幼儿进行集体或小组的交流是很有必要的，但是是否需要发小贴纸作为奖励，就值得好好思考。利弊皆存，而且可能弊大于利。为什么这么讲呢？

第一，如果区域活动是幼儿自由、自主、自愿的选择，动力来自幼儿内部，或者说来自幼儿对于活动的需要，活动本身的乐趣就能给予幼儿很好的回馈。如果老师运用小贴纸之类的物品来奖励幼儿，就可能会把这种来自内部动机的活动变成外部动机引发的活动，幼儿很难再去感受活动带来的乐趣。

第二，奖励仅仅是给予"表现好的幼儿"，那么，如何界定"表现好"呢？如果没有一个统一的标准，那不就是老师说了算吗，老师说谁好谁就好，请问如何保证公平与平等？教师此举又可能会带给幼儿什么样的影响呢？会不会强化幼儿讨好教师的行为？所以，这样的奖励到底是激励还是控制呢？

第三，如何运用表扬和奖励，也是对教师儿童观和教育观的检验。如果我们真的认同和接纳每一个儿童，心里就不会对孩子们区分出"好孩子""不好孩子"。每一个孩子真的是独一无二的个体，因为不一样，所以更需要教师宽容和认可。

其实，不仅仅是区域活动，在一日生活的每个环节中，教师都应该谨慎运用表扬和奖励的方法。表扬和奖励一定是双刃剑，运用不恰当，就可能会带来伤害，教师表扬和奖励了一个或几个，却伤害了很多个。年龄小的幼儿可能不会准确表达自己的感受，但却会对老师喜欢谁、不喜欢谁极为敏感。

建构区活动结束时，请问教师应从哪个角度讲评幼儿搭建的作品？比如我通常都会鼓励幼儿说："搭建得不错，你真棒！"鼓励是好的，但是我怕这样孩子很容易就满足了，不再大胆创新了；但如果我总是指出各种问题，又怕孩子跟着我的思路走，不能自由发挥他的想象力，我感觉所谓的科学评价真的很难。

这位老师能够关注到活动结束后的评价环节是很好的，因为若真的把区域活动作为幼儿园课程的重要组成部分，那么结束后的评价和交流环节就会起到很重要的引领发展作用。评价在任何教育过程中都不是一件容易的事情，真的需要教师具有高水准的专业素养才可以胜任。

很显然，活动结束时仅仅对幼儿的建构作品说一句"搭建得不错，你真棒！"是远远不够的。

第一，这样的表扬太过空泛，不具有导引发展的具体指向性。如果我们希望通过作品评价导引幼儿后续的发展，那么，你的评价起码应该做到具体、明确、细致，或指向其作品，比如"你搭建的楼好高呀！""你搭建的地铁站这么完整，真棒！""你搭建的过山车还会拐弯，好了不起呀！""你搭建的动物园有那么多动物的家，还有这么多小动物，太有意思了！"……评价还可以指向幼儿过程中的思考、探索、坚持、细致、合作、毅力等方面的能力和品质，比如"老师看到你刚才很小心地绕过小朋友的作品，懂得爱护别人的建构作品，很棒！""老师刚才看到你试了很多办法才把房顶搭建好的，真是个善于动脑筋的孩子！""老师发现刚才你的高楼倒了很多次，你都没放弃，最终成功了，了不起！""老师发现你们几个合作得很好，还会一起商量，真不错！"……

第二，活动结束时的作品评价并不仅仅是教师一个人对幼儿的表扬，最好是让所有的幼儿都参与到作品欣赏和评价中来。对于搭建者来讲，倾听别人的意见是一种学习，对于其他幼儿来讲，观赏别人的作品，并相互讨论，当然也是很好的学习过程。这个过程，教师可以引导幼儿用恰当的词汇和语言分析别人的作品，表达时要注意多鼓励、多提示、少批评。同时建议评价者与被评价者建立平等的对话，大家都应该多问几个为什么，都应该多思考怎么做会更好。

第三，评价的过程最好不仅仅局限于评价，而是导引幼儿进入分享经验和讨论问题的过程中来。我个人更喜欢这个环节变成分享交流，让创作者分享创作的过程和经验，让倾听者参与进来互动讨论，尤其是围绕着过程中出现的问题进行的讨论。比如"搭建平台时，长条板不够了，怎么办？""搭建立交桥时用易拉罐做立柱，不稳定怎么办？易拉罐的高度不一样导致桥面倾斜怎么办？""建筑的高楼太宽大，长条也无法连接，盖不上顶，怎么办？"……

在分享交流环节，由于时间有限，教师的评价很难面向全体幼儿，基本上是请积极举手的孩子，对于那些能力相对较弱、不很主动表达的幼儿如何关注？

很开心老师们能想到，即使在评价的环节，也需要关注到活动中的每个孩子，而且，越是能力相对较弱的孩子，越需要教师足够的关注和鼓励。为解决面向全体的问题，最后评价的环节，可以参考如下方法进行：

● 分小组进行最后的评价分享，两位老师各带一组，这样就可能会让更多的幼儿有机会展示和表达自己。

● 教师有计划地确定每天分享的幼儿人数和名单，保证每个周每个幼儿都有机会充分地展示和表达。

● 在活动结束时先采用两两对话交流的方法，向自己身边的同伴讲述自己的活动过程和结果。

● 即使没有时间分享某些幼儿的活动过程和作品，也能灵活地运用问题调动这些幼儿参与讨论的。

● 把作品都展示在某个位置，鼓励幼儿利用生活中其他的时间继续进行交流。

总之，评价的过程不仅仅是评价，既关系到今天幼儿活动经验的梳理和提升，也关系到明天幼儿活动持续开展的动力和发展的方向，所以是很重要的学习过程，需要我们全体教师认真对待。

53.教师该如何指导表演区中幼儿的表演游戏？

我班表演区的幼儿大部分喜欢装扮自己，装扮好主动上舞台表演的较少，请问教师该不该干预？

这位老师的问题也是很多老师面临的问题，老师们经常会反映"在表演游戏中，孩子们很喜欢自由地装扮自己，很满足这样美美的装扮过程，而对教师用心准备的故事表演或者音乐剧的表演，并不是很感兴趣。我们的困惑是任由幼儿自由装扮？还是该引导幼儿好好表演，以体现表演区中的深度学习？"

我特别能理解老师们的苦恼，但这里涉及好几个问题，需要老师们理清楚，否则，很难谈如何指导的问题。

第一，这里所说的表演游戏是幼儿的游戏，还是幼儿来完成教师的游戏，以实现所谓的"高水平表演"和"深度学习"？如果我们的回答是：幼儿的游戏，那么，我们就必须要尊重幼儿的选择和幼儿在游戏中的自我表达，无论水平如何。

导致幼儿仅仅是"喜欢自由地装扮自己"，缺乏主动上舞台表演的动力的原因，可能与个性有关（较害羞的孩子上舞台表演有些难）；也可能与缺少舞台表演的机会有关；还可能与这个年龄段幼儿的发展水平和能力有关。

第二，这里所说的表演游戏是创造性游戏吗？如果是，那么，这种创造是幼儿的创造，还是教师的创造？如果仅仅是"老师给孩子们排演好的故事表演或者音乐剧、舞蹈的巩固练习过程。"，还叫不叫创造性游戏？其实，这种"排演"，连游戏都不算，怎么能叫创造性游戏？

如果表演游戏是创造性游戏的范畴，那么，这种创造表现在如下几个方面：

创造性选择和重组表演的主题和内容。幼儿一方面可以自由地选择自己喜欢的主题和情节进行表演；另一方面，幼儿表演时，可以自由发挥，表演游戏不必刻板地再现某个故事或音乐。

创造性地进行装扮。表演之前，表演过程中，幼儿都可以自由选择头巾、围裙、帽子、眼镜、丝巾、小包包……各种东西进行装扮。装扮包括化妆、服饰等，其实，装扮真的可以富有创意，其乐无穷啊。

创造性地布置场景。表演区的场景布置，每天都可以不一样，这不需要教师提前为幼儿布置，而是每天进入表演区的孩子们自己选择，自动根据需要来布置。一把小椅子，可以是"草房子""木房子""砖房子"，也可以是森林中的树和花花草草，当小山坡也可以呀……这难道不是游戏中的创造吗？

创造性地进行表演。包括运用自己的语言、肢体动作、表情等进行的表演，也包括小组合作、创造性地使用各种材料等。

创造性地解决问题与冲突。表演的过程一定会产生各种问题，也会有冲突发生。比如，白雪公主女孩们都争着演，坏王后没人演的问题；大灰狼的尾巴用什么装扮的问题；武器找不到了的问题；答应扮演某个角色的幼儿中途溜走了的问题……解决这些问题不容易，需要创造性思维和想象。

第三，幼儿表演的能力是不是一个渐进的发展过程？ 如果幼儿前期没有很好的经验积累，没有很好的表达表现的能力，没有反复进行表演游戏的机会，是否可能一蹴而就地华丽地进行表演了？——答案当然不是，教师一定要有耐心，要善于欣赏和等待，当然也要善于因势利导的引领。

另外，如果幼儿"对教师用心准备的故事表演或者音乐剧的表演，并不是很感兴趣"，那就放弃好了。教师不需要为幼儿准备表演的内容，表演的内容来自幼儿内心，是他自己的需要和兴趣，他的已有经验的反映。

我感觉小班幼儿只是喜欢穿上服装走走转转，有时也会在老师的提醒下表演简单的歌唱，总不能像大孩子那样尽兴，怎样才能让他们真正参加表演？对于小班的幼儿，如何指导其开展表演游戏？

教师怎么可能期待小班的幼儿像"大孩子那样尽兴"地表演？这本身就是不合理的期望值。小班的幼儿对于故事、音乐的理解有限，积累的经验有限，语言表达能力和肢体表现能力都很有限。所以，小班的幼儿在音乐伴奏下，穿上喜欢的服装走走转转就很好，教师不必期待自己班里有那么多表演天才。我们在网络上看到的表演小天才在幼儿园少之又少。

小班幼儿参与各种音乐表演会比较简单一些，若是故事表演游戏，就可能需要教师的带动和引领。

教师是否需要用心为孩子们准备故事表演或者音乐剧的表演内容？

不需要，但教师可以在区域活动开始的计划环节，引导幼儿协商讨论自己想要表演的内容，尤其是大班的幼儿。小班和中班的幼儿目的性和计划性可能差一些，教师可以采用参与讨论的方法，引领幼儿自主确定表演游戏的内容。当然，即使幼儿自己讨论确定的表演内容，过程中也可以改变。教师不应该主观地根据教学进程为幼儿定好表演内容，更不应该天天排练"六一"儿童节、新年联欢的表演节目。

每次表演故事，老师若不在旁边说旁白，孩子们一会儿就没了玩的兴趣，我也经常发现进入表演区的孩子好多都是拿材料玩，并没有真正的表演，请问如何指导幼儿开展表演游戏，才能提升其表演的能力？

每个老师都期待自己班级里的孩子每天都有精彩的游戏展示出来，最好时时刻刻都有那些令人惊叹的"哇时刻"。可是，我要说的是，这不太可能。

日常的班级，寻常的时刻，过普通的生活，就很好。孩子们自在开心和满足，比什么都重要，至于孩子们是否能有精彩的表演呈现出来，给谁看呢？博谁的眼球呢？……我们是否可以让幼儿按照自己的发展节奏一小步、一小步往前走呢？

当然，我们不是强调教师一直处于无为状态。教师可以在以下几方面有所作为，以推动幼儿的游戏逐渐走向高水平：

(1) 帮助幼儿储备丰富的表演内容，比如儿童歌曲、律动、故事等。幼儿储备的越多，越熟悉这些故事和歌曲，那肯定幼儿通过表演游戏进行输出的可能性就越高。

(2) 帮助幼儿积累表演的经验。在某些时间段里，老师可以有意识地带领孩子们一起表演，表演的过程不要太过严谨，不必强求统一动作，也不要像排练节目那样，一遍又一遍练习，让孩子们都感觉到随意、自在、无压力最好，因为这样更接近于游戏。大家在一个曲子或一个故事音频的带动下，进行夸张的、创造性的表演，即使是同一段音乐，每一次的动作都可以不一样，让孩子们感同身受地理解这样的变化就是创造，这就是表演游戏的乐趣所在。

(3) 教师和幼儿一起丰富表演区的材料，增加表演区的吸引力，并支持和带动幼儿的表演活动。表演区里不仅投放一些女孩子们喜欢的公主裙、丝巾、饰品等材料，也投放一些有可能吸引男孩子的材料，如金箍棒、超人披肩、闪亮装饰剑、墨镜等。表演区尤其需要投放一个小小的功能简单的播放器，里面的故事和音乐会对幼儿的表演有很大的支持，因为教师时时刻刻的陪伴不可能，也没有必要。

(4) 教师和幼儿一起熟悉故事，准备道具。故事表演相比较音乐表演难度更大，所以，教师一方面和幼儿一起熟悉故事，另一方面鼓励孩子们一起为自己喜欢的剧目准备服装、饰品和道具，边讨论边制作的过程，就可能会让很多幼儿跃跃欲试。

(5) 教师经常观察和研究表演区幼儿的活动，适当的时候参与幼儿的表演。教师可以引导幼儿拓展表演内容，提升表演技能，但不能导演幼儿的游戏。

(6) 引导幼儿结成 2~8 人的小组，进行表演游戏。通过引导幼儿进行讨论、分工、协商的合作行为，提升幼儿的表演技能。幼儿的社会交往能力和合作能力对于幼儿表演游戏的开展影响极大。

(7) 每次区域活动结束时，展开讨论和交流。请表演区的小朋友展示给大家看，并请大家讨论和交流：你最喜欢哪个人物？为什么？还可以怎样装扮这个人物？怎样的动作和语言会让这个人物更有特点？如果没有你想要的材料来做道具，可以用什么来代替？⋯⋯这样的展示，会让更多的幼儿喜欢上表演游戏，尤其是那些能力较弱、被动的幼儿；这样的讨论有助于所有的幼儿表演能力、创造能力、解决问题的能力的提升。

个别幼儿非常喜欢模仿动画片中的反面角色或暴力情节（如打劫等），而且异常兴奋、乐此不疲，甚至带动其他幼儿也参与到这种游戏中来，这时教师该如何处理？另外，我班也有孩子沉浸在"被人抓住""关进笼子"这样的情节中，教师该如何指导？

对于这些内容的呈现，教师必须介入。最简单的办法就是：立即制止，不批评，但需要严肃和幼儿说明原因，帮助幼儿明确是非观念，并让幼儿知道动画片中有些内容大家可以模仿，有些是不可以模仿的，因为不健康，或者不符合道德观念，不被大家接受。

幼儿园阶段的幼儿处于是非观念建立的关键期，教师头脑中要有清晰的观念，帮助幼儿建立清晰的是非边界。同时，教师需要经常与家长沟通交流，了解幼儿在家庭中的状况，请家长帮助幼儿慎重筛选优质动画片，家园一致的努力，才能真正推动幼儿的健康成长。

进行故事表演游戏时，小朋友都不爱表演反面角色、分量少和无明显角色特点的形象，如何引导幼儿表演？

方法一：教师可以示范。大家不愿意选择的角色老师来表演，通过教师的表演，让孩子们看到这个角色的可爱和有趣。

方法二：教师引导大家一起讨论被忽略的角色，让这个角色"活"起来。

任何一个角色在故事中都不是单一的存在，孩子们可以在任何一个角色身上"加戏"。

方法三：大家都不愿意演的角色是否可能会有很漂亮的服饰和配件呢？有时候，利用幼儿喜欢的装扮和道具，也可能会吸引更多的孩子们加入。

54.幼儿的角色游戏需要指导吗？应该如何指导才算有效而不叫"控制"？

我发现小班幼儿连娃娃家游戏也玩不起来，请问需不需要给幼儿设定主题，再教他们如何玩？如何选择适合各个年龄班幼儿的角色游戏主题呢？

角色游戏可能是在幼儿教育实践中被误解最多的一种游戏，也是所谓的"假游戏"最集中的表现。在前面"角色游戏区是否可以不用划分那么具体的区域？"和"角色游戏区的材料越逼真越好吗？"都有谈到如何看待角色游戏，以及如何创设角色游戏区域、投放玩具材料的问题。

这位老师说小班的幼儿连娃娃家也玩不起来，所以才会想到是否需要帮助幼儿设定游戏主题，教会幼儿游戏玩法。怎样就是"玩不起来"呢？我们在家庭中观察孩子，任何一个不到三岁的孩子自己在家里都会玩得很好、很投入，甚至会自言自语编造很丰富的游戏情节。为什么在幼儿园会出现"玩不起来"的现象呢？可能的解释有两点：第一，教师把小班和大班的孩子们的表现相比较，那就看起来小班的孩子们比较差了。第二，小班的孩子们玩不出老师设定的情境和"高水准"的花样来。

如果我们认可游戏是孩子们自己的游戏，那老师就不必操心孩子们的游戏主题问题，因为游戏主题和游戏情节一样，都由孩子们自己选择和确定。"如何选择"是孩子们的事儿，也不是老师们应该操心的事。如果老师持续观察了一段时间后，发现幼儿的游戏主题单一、缺乏新意，可以尝试运用参观、主题谈话、视频图片欣赏等方式丰富幼儿的生活内容和经验。生活经验丰富的孩子自然就可能会有丰富的游戏内容。

我班有个飞机场的角色游戏区，依照生活经验，飞机上应该保持安静，但这样枯燥的环境就吸引不了幼儿，让幼儿坐不住；如果把才艺表演、盖印章等方式加入游戏中，就可以吸引幼儿了，但好像又不符合常理，这样是不是也不合适？

当然不合适。这里关键的是，我们看不到幼儿的存在，只看到教师一个人绞尽脑汁地想办法吸引孩子们去一个自己也莫名其妙的区域之中。

飞机场的角色游戏区如何来的？有什么意义？——老师们会说"这个是我班××小朋友提出来的，他刚跟父母坐飞机去旅游了"。好的，如果是孩子们自己提出来，自己玩去好了，自己想办法布置飞机场，自己进行角色分工，自己假想游戏情节……适当的时候，教师可以加入进来，和孩子们一起分享简单的飞机结构的知识或者全班幼儿一起进行乘坐飞机的经验大讨论……但当孩子们游戏兴致尽了之后，可以换游戏主题。何必幼儿不感兴趣，也还要想各种办法留住幼儿？想想看，即使留住了部分幼儿，进入这个区域的幼儿就是安静地坐着，摁一摁一个假的仪表盘，还能做什么？发展的价值在哪里？

我们前面谈过，班级里的区域应该是动态的、开放的，追随幼儿变化的，教师不要用区域的名称"框住"自己，也"框住"幼儿的想象和创造。

今天娃娃家有3个小朋友都想当厨师，可是娃娃家的规定是只有2个厨师，这3个小朋友都不肯谦让，教师该如何介入指导？

"娃娃家的规定是只有2个厨师"——此规定从何而来？有何依据？我们前面讨论过了关于区域规则的制订和遵守的问题，但强调过规则是对幼儿能顺利开展活动的保障，而不是限制。在娃娃家里，有一个厨师，还是两个、三个厨师，有什么关系？只要孩子们喜欢，都去做厨师，又何妨？……所以，教师的问题不是如何指导幼儿学习谦让的问题，而是需要好好理解幼儿的游戏愿望和自主自愿的角色游戏内涵的问题。

我班有个角色区是洗衣房，孩子们在分配角色的时候，很多人不愿意选择顾客的角色，理由是：送完衣服交上钱，只能等待，而且时间比较长。我们尝试让等待的顾客喝水，但也有些无聊。然后又改变策略，把棋类游戏放在顾客等待区，但是不喜欢玩下棋的小朋友，还是不愿意选择顾客的角色。这里想问的是顾客这一角色，除了送衣服、约"取衣"时间、拿好单据之外，还能做些什么？如何分配游戏角色，才能让每个幼儿都玩到自己理想的角色？

看得出，老师们不仅为班级角色游戏区的设置下了很大功夫，而且，也在如何让幼儿玩起来上琢磨了很多方法。可是，当我们偏离幼儿的游戏，把游戏当成必须要做的一件任务时，我们无论怎么下功夫思考引导幼儿的方法，可能都是徒劳的，甚至是相反的。

第一，我个人对于"洗衣房"这样的角色游戏区的设置存有异议。无论是城市里的孩子，还是农村里的孩子，有多少孩子的兴趣和游戏意愿是创造性地再现"洗衣房"的情景？6岁以下的幼儿对于洗衣房的已有经验有多少？"洗衣房"这样的角色游戏区，又能有多少情节的变化？如果没有情节变化的可能性，又如何吸引孩子们天天来玩？并玩出花样？……

游戏主题来自孩子才会真正具有生命力和存在价值。

班级需要设置角色游戏区域，但教师最好不要用"洗衣房"之类的名称和布置固化幼儿的角色游戏主题和游戏情节变化。只要孩子们不感兴趣的，果断丢掉即可。放手让幼儿玩自己的游戏至关重要。

第二，无论是什么样的游戏，教师都很难做到通过公平地分配游戏角色，"让每个幼儿都玩到自己理想的角色"。因为分配角色，不是教师的事情，而是幼儿自己的游戏需要，是幼儿游戏的一部分。如果幼儿出现角色分配的纠纷，教师可以在观察的基础上，进行专业思考之后适当介入引导，但是应该引导幼儿，而不是代替幼儿进行所谓的公平的角色分配。

小班幼儿的角色意识不强，在角色游戏中常常是各玩各的，不能把自己扮演的角色带进游戏中，而且很多孩子是在玩材料，角色之间的交流互动较少。他们并不是按照我们想的那样游戏，他们有自己的玩法，而且很快乐。请问这样的游戏需要老师指导吗？

从小班幼儿角色游戏的发展特点来讲，确实存在角色游戏主题不稳定、角色意识不强、角色扮演能力较弱、角色之间互动交流少等特点，所以，教师首先要学会理解和接纳幼儿具备的特点，而不是视之为缺点。

即使幼儿是各玩各的，幼儿有自己的玩法，而且很快乐，当然不需要教师指导。教师指导什么呢？教师指导的一定比幼儿表现得更高级吗？……当我们发现幼儿自己沉浸在游戏之中，最好的做法就是不打扰，这就是对幼儿的游戏最好的保护和尊重。

在一次区域活动中，孩子们都很投入地玩着自己喜欢的区角。我发现在娃娃家扮演顾客的孩子居然在给其他的"小顾客"烤串，我马上介入纠正了他的这一"错误"行为。而我这自认为"及时"的介入却被孩子的话打击到了，洋洋小朋友说："老师，她忙不过来，让我来帮帮忙，我没捣乱。"我突然意识到我打扰了孩子们的游戏。那请问到底什么时候介入指导才适宜呢？

我们很高兴地看到教师在阐述自己的行为时，意识到自己的介入可能"打扰了孩子们的游戏"，而且有意识地对两个词加了引号，一个是幼儿的"错误"行为，还有一个是自己的"及时"介入。这说明老师意识到了自己对幼儿的行为理解有误，对自己的介入行为有反思，这是了不起的进步。可是，却是在幼儿辩解（"老师，她忙不过来，让我来帮帮忙，我没捣乱。"）之后发生的，如果没有孩子的辩解，老师会不会觉得自己的介入行为及时又准确呢？

孩子的辩解让我们心酸。本来在游戏过程中，幼儿可以按照自己的意愿去玩自己游戏，无论他扮演什么角色，只要不伤害自己、别人和环境，他可以假想任何情节、任何内容。"娃娃家"不应该有固化的游戏情节，"娃娃家的顾客"也不应该有固化的角色行为，幼儿只是"给其他的小顾客烤串"，不想闲着没事做，怎么就成了"捣乱"了？……教师不仅需要反思自己对于幼儿游戏的理解，反思游戏过程中的放手和控制的问题，真的还需要好好反思班级管理中是否存在僵化和高压的问题。

另外，这个案例的问题不是教师介入指导的时机的问题，而是教师介入指导的依据是什么的问题。如果教师没有科学的儿童观和游戏观做指导的依据，如果教师没有细致的观察和对幼儿游戏行为的科学解读做依据，什么样的指导都可以有误。

指导时机是很重要，但并没有一个统一的标准，教师只能根据现场发生的情境来确定。所以，教师只有根据观察才能准确判断是否需要介入，以及介入的时机和方式方法。

在角色游戏区——自助餐厅活动当中，当顾客点完菜时，他们会对服务员说："我也来帮帮你吧。"服务员会说"好"，顾客便会投入服务员的活动当中，完全忘记了自己顾客的角色。每当在区域活动中看到孩子游戏行为不符合社会规则时我们都不知道该如何介入指导。

这个问题其实和上面的问题是同样的问题，因为老师理解的角色游戏就是让孩子们复制社会生活的场景和职业角色，这是现阶段幼儿园教师在理解游戏时存在的比较普遍的问题。老师们忘记了游戏是游戏，不是真实生活的重复和再现。幼儿在游戏中既可以创造性地再现他的社会生活经验，也可以实现任何在现实中无法达成的愿望。一个餐厅服务员可以布置桌子摆摆花、端端盘子刷刷碗，也可以飞到太空送送外卖，有时候也能戴上墨镜、披上披风外出扫一圈……孩子的游戏行为重要的不是是否符合社会规则，而是是否实现了自己的游戏愿望，是否在游戏过程中有更多的"以人代人、以物代物"的创造性行为，是否在解决问题过程中表现出更多的独立和智慧。游戏中扮演顾客的孩子"忘记了自己顾客的角色"，会说"我也来帮帮你吧"，得到同意之后投入服务员的工作当中，多好的伙伴交往和与伙伴关系，教师何必为此苦恼？

总之，角色游戏可以指导吗？答案是：可以。但是在现阶段幼儿园的角色游戏中存在太多教师认识上的问题，导致教师指导过早、过多的问题反复出现，所以，教师的指导应该慎之又慎，需要注意以下几点：

(1) 教师需要放手，放手，再放手。教师首先需要认识到游戏是幼儿的游戏，不是幼儿完成教师设定的游戏。所以，让孩子们玩自己的游戏，实现自己的游戏愿望，哪怕孩子们的游戏愿望很简单、很不可思议，都请尊重。

(2) 教师需要观察，观察，再观察。可以肯定地说，不以观察作为重要考量标准的指导都是瞎指导。老师们经常会问所谓的专家们什么时机、该如何指导的问题，这样的问题，任何专家回答不了，因为没有标准。除了出现明显的安全问题，教师需要及时介入之外，其余的时候，老师都可以再等等看，而这个等的过程就是细细观察和进行专业思考的过程。

(3) 教师的引导应该更多地表现为对幼儿游戏的支持。支持可以是欣赏的态度，也可以是物质材料，也可以是游戏之后的问题讨论，也可以是游戏之前之后的经验拓展……在孩子们的游戏过程中，教师能做到不强加自己的意愿给孩子很重要，这就是信任和不控制的表现。教师对于幼儿的游戏支持很灵活，方式方法也很多，老师们可以在自己的实践中不断摸索和积累。

(4) 幼儿游戏过程中教师尽可能别只扮演"巡警"的角色。在很多幼儿园，孩子们游戏时，教师就四处转着看，看的最多的就是纪律和安全，再加上处理孩子们告状的问题。这样的角色定位真的降低了教师的专业地位。我们希望越来越多的教师意识到教师专业发展与教师在游戏中的表现直接相关。

55.教师如何指导才能提高幼儿在美工区活动的兴趣和能力？

我班美工区操作材料很丰富，老师也教过幼儿各种材料的操作，但是区域活动时，大部分小朋友还是倾向于选择轻黏土，请问老师是否需要指导？

大部分幼儿喜欢选择轻黏土，可能跟这种材料比较容易操控，幼儿易获得控制感和成就感有关系；也可能与近期很多幼儿的感知觉发展有关，轻黏土触摸起来的质感会让幼儿感觉舒服和放松；也可能与同伴的影响有关系，有时候幼儿会不自觉地模仿别人。有很多老师会说："我班很多孩子目的性不强，区域活动时不知道要做什么，会跟随大流。"……无论是什么原因导致幼儿的兴趣选择，教师都应该先学会接纳和尊重，不必时时刻刻想着如何改变幼儿。

其实，即使只是轻黏土的操作，一样可以满足幼儿自主操作的需求，发展幼儿的动手能力、想象力、创造力，丰富幼儿的审美体验。

如果持续一段时间的观察之后，幼儿选择的材料和活动仍然太过单一，教师可以通过以下几种方式引导幼儿：

在区域活动之前对幼儿进行新材料推介。推介可以运用教师富有魅力的语言，也可以运用童趣化的新材料作品。只是注意作品不可以只有一个（一幅），多样化的创作才会真正激发幼儿，而不是限制幼儿。

在区域活动之前对幼儿发出邀约。所谓"邀约"，即教师运用邀请的方式发送出对幼儿的期待。比如"美工区有松果、果壳、树叶等很多材料，希望进入美工区的小朋友今天能创造出立体的秋天画，让我们欣赏。""我们今天刚刚学习了用牙签进行刻板，制作版画，今天有没有小朋友愿意为我们制作美丽的版画呢？"……教师发出的只是邀约，而非必须完成的任务和指令。因为区域活动具有自由、自主的特点。所以，即使教师邀约了，幼儿仍然可以按照自己的兴趣做出选择，教师不能要求幼儿必须去做。

在区域活动结束时引导幼儿欣赏更多美工区材料的作品。在区域活动结束之后的分享交流环节，教师可以有意识引导幼儿欣赏那些尝试新材料的幼儿的作品，这样的分享可能会让更多的幼儿喜欢尝试新材料。

教师也可以在美工教学活动中设计一些有趣味的多材质、多创作手法的活动，幼儿自然也会把这些活动经验迁移到区域活动之中。

通过有目的的美术小组活动引入新材料。有些时候，教师可以设计一些有目的的小组活动，小组活动可以是美术活动，也可以是益智区活动、科学区活动、生活区活动等。通过小组活动，解决一些幼儿普遍匮乏的技能方面的指导。尽管这种小组活动更多具有小组教学的特点，但是，这样的小组活动会有针对性地给予幼儿有目的的引领，为幼儿自主的区域活动做好铺垫。

在美工区活动之前，教师可以给幼儿示范吗？如果不能教，如何提升幼儿的美工活动的能力？我班有家长经常拿着孩子在外面兴趣班的画作来要求我们多教教孩子，我们该怎么做？

外面兴趣班里的教师是如何教的，我们没有跟踪，也没有研究，不好评判。但是作为幼儿园教师必须清晰地了解《指南》的精神内涵，绝对不做违背幼儿发展规律和教育规律的事情，绝对不以牺牲幼儿长远的发展来换取当下的所谓"成果"。

《指南》强调艺术教育重在引导幼儿感受美、欣赏美和创造美。作为教育者，应该"创造机会和条件，支持幼儿自发的艺术表现和创造。""在幼儿自主表达创作过程中，不做过多干预或把自己的意愿强加给幼儿，在幼儿需要时再给予具体的帮助。""成人应对幼儿的艺术表现给予充分的理解和尊重，不能用自己的审美标准去评判幼儿，更不能为追求结果的'完美'而对幼儿进行千篇一律的训练，以免扼杀其想象与创造的萌芽。""了解并倾听幼儿艺术表现的想法或感受，领会并尊重幼儿的创作意图，不简单用'像不像''好不好'等成人标准来评价。"……

在谈到具体的绘画时，尤其强调"幼儿绘画时，不宜提供范画，特别不应要求幼儿完全按照范画来画。"，因为范画容易把幼儿引向千篇一律的模仿，而扼杀幼儿的天赋和创造，这几乎已经成为所有幼教人的共识。但是，"不宜提供范画"不等于不要老师示范。在推介新材料、新工具的使用时，教师可以示范；在学习新技法时，教师可以示范……

教师需要注意的是，教师的示范不是一成不变的让幼儿一步一步照着做，示范的方式方法也很多：

- 语言讲解为主与动作示范为主。
- 完整示范讲解与分步示范讲解。
- 教师示范与幼儿参与的示范。
- 只有某个难点的示范与全程示范。
- 环境中的静态示范（如操作步骤图示）与教师的动态示范。
- 操作前的示范与操作后的示范。

一般情况下，教师应该先给予幼儿独自探索和尝试的机会，不急于示范。即使需要示范，教师也要思考在什么时机、以什么方式示范，才能既给予幼儿引领，又不至于限制幼儿。

每次美工区活动结束都会有很多作品出现，怎么保证每个幼儿的作品都展示出来？班级里没有那么多地方啊……

我们走过每个幼儿园，都会发现走廊上、班级墙面上挂满了幼儿的美术作品。这说明教师一直比较重视幼儿的表达表现，也重视透过作品展示给予幼儿的肯定和认可，当然，展示在墙面上的作品，也会成为幼儿自由时间的交流话题，甚至可能成为新课程的生成点。

每次美工区活动结束时确实都会有很多作品出现，那么，处理幼儿的作品呢？

- 活动结束之前，在前面设作品展示桌，幼儿若愿意和小朋友分享自己的作品，可以提前放置过去。在分享结束后再选择带回家或者挂在墙上。
- 允许幼儿每天把自己的作品带回家与家人分享。

● 班级内或走廊上特设美术作品展示区域，高度最好在 1.5 米之下，不用教师帮助，只要幼儿喜欢，可以随时摆放或悬挂自己的作品。

● 可以定期把幼儿的作品装进个人的档案袋，或者定期把幼儿没带回家的作品装订成册，成为班级共同的欣赏、阅读的材料。

56.如何让幼儿喜欢上益智区和科学区的活动？

我发现在益智区和科学区的小朋友，玩一会儿就想换区域或者换玩具，兴趣不能持久，教师该如何指导？

益智区、科学区的幼儿有时候不能持久，可能有以下原因：

益智区和科学区的活动对幼儿的智能有挑战，需要高度的有意注意力，年龄小的幼儿神经系统正在发育过程中，会容易疲劳。

某些益智区和科学区的操作活动设计有问题，功能单一，操作机械，动作重复，趣味性不强，所以，难以吸引幼儿长时间专注其中。也有些操作材料太过简单，缺乏挑战性，也会很没意思。

幼儿在益智区和科学区的活动中是否能持久，还和幼儿是否能胜任，感受到活动的满足感、价值感有关系。如果幼儿能力较弱，在操作活动中感受到的全是挫败感，自然很快就会放弃。

益智区和科学区的大多数活动是具有明确的任务导向性和具体操作规范，一般任务完成了，操作也就结束了。它不像创造性游戏那样富有变化，可以反复玩下去。比如拼图游戏，拼完了，也就可以结束了。而娃娃家之类的游戏，则可以永远玩下去，没有是否完成一说。

所以，如果幼儿玩了一会儿就想换区域或者换玩具，属于自然状态，教师不能不允许。再说，区域活动本来就是幼儿自由、自主的活动，教师没有理由限制幼儿的选择。

我们班有的孩子对于益智区稍有难度的材料就不愿意尝试，稍稍遇到困难和挑战就想退缩，怎么办？个别小朋友对益智区不是很感兴趣怎么办？

班级里不同个性、不同发展水平、不同兴趣爱好的幼儿，可能对于益智区和科学区的兴趣是不一样。我们很难期待班级里所有的幼儿都对益智区和科学区充满了浓厚的兴趣。所以，对于个别不感兴趣的幼儿，对于浅尝辄止、无法深入探究和不断挑战自我的幼儿，教师都不必过于纠结。

教师可以尝试下面一些策略，试试看。

运用益智区、科学区玩具材料的"好玩"吸引幼儿是最直接也是最有效的办法。所以，教师投放材料时，需要针对材料的趣味性，进行富有变化的设计。如果购买的成品材料，则需要通过自己的预操作，去品评玩具材料对幼儿的吸引力。

投放益智区、科学区材料时，注意层次递进性。先从最简单、最容易操作的材料开始，先让幼儿熟练，并能感受到"我行"，再逐步增加挑战性。采用小步子策略，降低每一步台阶的高度，不要太超越幼儿的发展水平。

有些益智区、科学区玩具材料，幼儿需要先学会才能自己玩。最初学的过程，可以是教师直接的示范讲解；也可以是教师陪伴的操作；也可以是幼儿的探究……只有幼儿熟练掌握玩法，才可能感受到游戏的乐趣，比如棋类游戏。我们平时在棋类游戏区看到的兴致勃勃玩的幼儿，一般都是玩棋类游戏的高手。

区域活动结束时的分享交流，针对益智区、科学区幼儿的探究活动进行的问题讨论，会让更多的幼儿喜欢上这些区域的活动，也会让更多的幼儿喜欢上挑战。

针对大班的幼儿爱表现，喜欢比赛的特点，可以设置"挑战擂台赛"之类的墙饰，以激发更多的幼儿参与到益智区、科学区活动中来。

区域活动时，幼儿经常会利用益智区、生活区的操作材料玩角色游戏，比如穿珠子，刚穿了一会，就会拿着穿好的珠子和旁边的小

朋友玩卖糖葫芦的游戏了，针对这种情况该如何介入指导？

如果是幼儿拿着穿好的珠子玩卖糖葫芦的游戏，那倒真的是挺有创意的呢，应该鼓励啊。串珠子、夹豆子之类的活动，尽管具有发展精细动作和手眼协调的能力的作用，但只有单一、机械和重复的动作构成，没有情境，缺乏趣味。我们很难设想让一个幼儿在那里重复做40分钟是怎样的感觉，恐怕是近似于体罚的活动了吧？

所以，改变这种机械重复的技能练习最好的办法就是进入情境之中，幼儿自己和小朋友玩卖糖葫芦的游戏就是很好的游戏情境。有人卖，有人买，自然还需要不断穿下去……既发展了幼儿的动手操作能力，又发展了幼儿的假想能力，还有小伙伴之间的交往和合作，何乐而不为呢？

只要教师认真观察幼儿的游戏，就会发现幼儿的任何游戏都不会是单一的发展，而往往教师设计的游戏活动因为太注重发展目标，而显得单一，甚至无趣。所以，尊重幼儿的游戏意愿，顺应幼儿的天性很重要。

当然，幼儿在区域活动中也会存在对材料的使用不当的问题，比如，仅仅把棋类游戏中的棋子当石子扔来扔去；在迷宫上乱涂乱画；探索斜坡的小汽车仅仅用来呜呜地开来开去；做实验的水被孩子们往各自的身上泼……遇上这些情况时，也需要教师介入。在观察分析幼儿行为原因的基础上，巧妙地引导幼儿掌握材料的恰当使用方式，从而获得有益的发展。

57.如何指导科学区的探究活动？指导幼儿进行科学小实验的时候需要解释科学原理吗？

我带的是大班，经常去科学区的就那几个小男孩，我班有好多小女孩从来不选科学区，请问我该如何引导？

我们确实在幼儿园科学区经常看到男孩们兴致勃勃、津津乐道，科学小实验尤其能吸引男孩们，女孩的兴趣就会弱一些。但也不是一概而论，也有些女孩会对科学实验充满好奇，具有浓厚的探究兴趣。这其中既有性别差异，也有个体的兴趣差异和经验差异。

如果科学区活动中的某种材料蕴含科学学习的关键经验，从幼儿发展的角度来讲，最好每个幼儿都去科学区操作至少一次，教师可以尝试下列策略：

● 区域活动开始前的新材料推介时，既注意所使用的方式方法对幼儿的吸引力，又对所有幼儿提出要求。

● 在科学区墙面或者此项操作材料筐里投放一张全班幼儿姓名表，请每个操作过此材料的幼儿在自己的姓名处画对勾，为了更吸引幼儿，也可以在名字处贴一个小贴纸。教师经常观察名单，看是否需要个别鼓励或个别陪伴。

● 区域活动结束之后的分享，一定包含这项蕴含学习的关键经验的科学活动，这种分享和讨论会让更多的幼儿爱上科学区活动。

指导幼儿进行科学小实验的时候需要解释科学原理吗？

这个问题是所有老师在指导幼儿进行科学探究活动时都感觉有些把握不准的问题，不讲为什么吧，怕孩子们没学到东西；讲为什么吧，又感觉很难讲清楚……于是，科学成为很多幼儿园老师感觉有难度的领域。

首先，这里，老师需要弄清楚幼儿园科学教育的核心目标，《指南》科学领域强调的核心目标就三点：

目标1：亲近自然，喜欢探究。
目标2：具有初步的探究能力。
目标3：在探究中认识周围事物和现象。

在上面这三条目标中虽然也包含对周围事物和现象的认识，但更关键的是"探究兴趣"和"探究能力"，即使是对周围事物和现象的认识，也必须在"探究中"落实。所谓的探究，就是不提供现成的答案，而让幼儿自己经历观察、实验、记录、比较等自主实践的过程，在已有的事实证据的基础上，获得对客观事物规律的认识的方法。所以，幼儿园科学探究的过程强调幼儿亲身经历观察、体验、操作、实验、测量、分类、记录等过程，然后再通过比较、分析、判断等思维过程，借助于小组或集体讨论，获得浅显易懂的关于周围事物和现象的认识。这样的认识既来自幼儿个体的实践活动，又与幼儿的已有经验相衔接，所以才具有真正的发展价值。在这方面，教师不要盲目追求"科学原理"的正确性和完整性。学前阶段的幼儿，还处于前科学概念阶段的学习，不可能真正进入系统的科学概念和科学原理的学习。

只要能让幼儿参与操作、实验获得的科学经验，幼儿理解就没有问题，比如"空气流动形成风""物体挡住光，就会产生影子，因为光是直线传播的""敲击同样的物体，一般用力大，发出的声音就大""有些东西在水中会沉下去，有些东西在水中会浮起来""磁铁能够吸铁制品"……这些经验一定是伴随生活、科学区、科学教学活动中的大量实验操作活动来获得的。但是，对于有些现象若要解释其科学原理，则很难，比如"为什么有些东西在水中会沉下去，而有些东西会浮起来呢？"——这是中学生物理课上学习的阿基米德定律才能解释的，我们很难对 3~6 岁的幼儿解释清楚。所以，幼儿园科学教育中的探究，聚焦点不要定位在科学原理，而在科学探究兴趣和探究能力。

我班的自然角虽然也有几盆绿植，但基本上是摆设，孩子们也不看，我也找不到任何教育价值。请问自然角可以引导幼儿开展哪些有意义的活动？如何指导幼儿进行科学观察和记录？

自然角是科学区创设的一部分，因为有生机勃勃的植物和活泼可爱的小动物而具有无限魅力。

上面老师说的班级里的自然角仅仅是摆设的情况在幼儿园确实普遍存在，这和老师本身对于科学教育内涵的理解不足；对于幼儿好奇心、爱探究缺乏足够的认识；对于幼儿园阶段科学教育的重要性缺乏深刻的体认都有关系。只有教师认识到幼儿的科学学习来源于幼儿深深的好奇心和求知欲，科学学习的内容来源于幼儿的生活和周围环境，教师才会重视班级科学区的建设，让环境达成育人的目标。

所以，改善班级科学区环境布置，丰富科学区材料投放，让生机勃勃的植物和活泼可爱的小动物来到班级幼儿的生活中来，是做出改善的第一步。在这方面，教师需要做个有心人，我曾经遇到过一个非常优秀的幼儿园老师，她会随时把家里吃的蔬菜带到幼儿园和孩子们一起喂兔子；长虫子没法吃的小米，她会带到幼儿园里和孩子们用放大镜观察；家里买来的河蚌、螃蟹，她总要带几个放置在班级自然角……所以，她的班级自然角对孩子们永远具有吸引力，很多孩子每天进班的第一件事就是去看看自然角的宝贝们。

孩子们在自然角可以开展很多有意义的活动，比如：

● 给小动物喂食，观察和记录它们最爱吃的东西，它们的活动，它们的便便……

● 给植物浇水、除虫、清洗叶子，观察并记录植物的生长。

● 做一些简单的植物生长的实验，比如，种子发芽的实验、植物生长需要阳光的实验、茎输送水分和养料的实验……

● 自然角写生活动。

如何在区域活动结束之后进行科学区活动的讨论，以引导幼儿进行反思？

科学区活动的讨论一般围绕幼儿感兴趣的话题进行，教师不急于预设话题或问题，可以请幼儿分享自己的活动，由幼儿分享的话题引导全体幼儿进行讨论；教师也可以在活动过程中观察和记录幼儿的活动状况，运用拍摄的照片请相关幼儿分享，再抓住孩子们分享的关键问题引发全体幼儿的思考和讨论……

怎样让玻璃球拐弯儿呢？

在玩玻璃球这个活动中，孩子试图让从坡道上滚下的玻璃球拐弯，结果玻璃球总是跑出跑道，他们就用挡板挡起来，可是玻璃球不是跑到外面，就是被挡板挡住，都不能拐弯。在分享交流的环节，孩子们提出了自己遇到的问题。老师首先发动其他孩子来想办法，孩子们纷纷发表了自己的看法：

"你别让玻璃球跑太快，跑快了，玻璃球就蹦，一定要慢一点。"

"玻璃球不会直着拐弯，但它会拐一丁点弯。"

老师梳理了孩子的建议，但没有直接告诉孩子答案，而是用提出问题的方式，继续引导孩子的探索："下一次请小朋友再去试一试，看看玻璃球滚得快慢会影响玻璃球拐弯吗？坡道的高度会影响玻璃球拐弯吗？跑道还可以怎样摆？……"

（山东省淄博市市直机关第一幼儿园 张丽 ）

案例中的教师尽管发现了幼儿探究中的问题，也引导幼儿围绕问题进行了讨论，但并没有急于给幼儿一个肯定的结论，而是留下了问题和线索，以引导幼儿继续探究。幼儿对于任何一个问题的探究和认识，都不会是一次性完成的，所以，教师能够敏锐地发现幼儿的兴趣和探究中的问题，并运用适宜的方式方法推动幼儿持续地进行探究，激发更多幼儿的探究兴趣很重要。

第四章

区域活动的观察与评价

58.为什么要观察？观察为什么是教师专业知识和专业能力的重要构成？

观察是不是锦上添花的额外工作？幼儿园老师已经很忙了，为什么还要做好观察工作？

对于幼儿园老师们来讲，一天的工作下来确实是辛苦而忙碌的，要关注孩子、安抚孩子，还要备课、上课、写教案和反思，还有没完没了的环境创设，应对各种安全检查、政治学习、业务学习和教研活动、策划编排各种节日的节目、时刻保持班级环境卫生、应付不完的家长工作……还有些幼儿园要做内部的课题研究、课程建设等工作……这样算下来，工作量真的很大，所以，写观察记录就成为很多老师很头疼的问题，到底为什么要强调教师做观察和观察记录呢？

在这里，首先澄清一下，观察不等于观察记录，观察也不是为了写观察记录。观察的深刻意义应该是能让教师更清楚地了解自己的教育对象；更科学地设计环境和课程；更专业地审视自己的教育工作的适宜性。

观察是人们认识世界、获取知识的一个重要途径，也是科学研究的重要方法。一切科学实验，科学的新发现、新规律，都是建立在周密、精确、系统的观察基础之上的。居里夫人的女儿曾把观察誉为"学者的第一美德"，在这里，我们不说观察也是教师的第一美德，幼儿教师的第一美德一定是爱，对孩子深入、透彻、专业的爱。但是，观察一定是成就教师"专业爱"的很重要的路径。

教育部颁布的《幼儿园教师专业标准》中提到：

22.掌握不同年龄幼儿身心发展特点、规律和促进幼儿全面发展的策略与方法。

23.了解幼儿在发展水平、速度与优势领域等方面的个体差异，掌握对应的策略与方法。

24. 了解幼儿发展中容易出现的问题与适宜的对策。

29. 掌握观察、谈话、记录等了解幼儿的基本方法。

无论是"掌握不同年龄幼儿身心发展特点、规律"，还是"了解幼儿在发展水平、速度与优势领域等方面的个体差异""了解幼儿发展中容易出现的问题与适宜的对策"都离不开教师在日常工作中对幼儿的观察。所以，《标准》第 29 条明确提出教师必须"掌握观察、谈话、记录等了解幼儿的基本方法"，这是合格教师应该具备的基本的专业知识的一部分。

(1) 观察可以帮助教师了解真实的幼儿，构建科学的儿童观

了解幼儿是理解和接纳幼儿的基础，了解幼儿也是教育的基础，是教师儿童观建构的基础。新西兰国家幼教课程大纲《Te Wh a riki》理想宣言里说"儿童是以有能力、有自信的学习者和沟通者的身份成长的，身体、心理、精神健康，有安全感和归属感，知道他们能为社会做出重要贡献。"只有我们认真去观察孩子们的自主活动，我们才会真正看到他们拥有的巨大潜力，破除掉原来我们成年人自以为是的观念。

游戏在不断变化，我庆幸自己第一天的等待。虽然只有短短的几分钟，但我却看到了不一样的精彩。孩子们浓厚的探究兴趣，以及他们在实践中想办法解决如何穿过山洞的积极的学习品质，都让人惊奇。正因为孩子们的突发奇想，才打开了大家的思路：原来山洞并不只有徒手钻爬一种玩法，它更是孩子进行学习探索的基地。孩子们的想象力是不可估量的，只要我们用心观察，稍作等待，多加思考，就能发现孩子行为背后的价值。尤其是当孩子们在活动中发生矛盾或者问题时，我们要灵活地抓住机会，让它成为孩子们成长的契机。（江苏省丹阳市实验幼儿园 冷妩）

——《中国教育报》2019 年 03 月 17 日第 4 版 学前周刊·成长

作为幼儿教师，每天和孩子们朝夕相处、共同生活，许多时候，对孩子们的一些行为，我们很容易就忽视了。但豆豆的故事告诉我们，作为教师，随时都要有一颗敏感的心，对孩子的一言一行都要抱着好奇心去发现，去理解，去站在他们的视角观察思考，只有这样，你才会发现，孩子眼中的世界是多么的奇妙生动。（四川省成都市第五幼儿园 王飏 ）

——《中国教育报》2019 年 03 月 17 日第 4 版 学前周刊·成长

(2) 观察可以帮助教师准确预设区域环境，提供有效的玩具与材料。

我在全国各地进行讲座以及和老师们教研的过程中，经常会遇到老师们提问什么样的玩具和材料是适宜的等问题，通常我的回答是要看孩子们喜欢什么，孩子们具有什么样的已有经验，这样的回答不是敷衍。任何区域环境、任何玩具材料是否适宜，一定不是所谓的专家们说了算的，老师们必须去观察孩子们的表现，进行科学的分析评估之后确定。

在益智区，我们投放五子棋的游戏材料，用废弃的水彩笔帽做棋子，刚开始孩子们很喜欢，过了一段时间就很少有人去玩了。经过观察，我了解到原来是因为作为棋子的笔帽太轻，而且高，不像棋子平平的，孩子们在下五子棋时不小心就会把棋子弄倒，结果又要慢慢地摆，孩子们对它失去了兴趣。在游戏评价时，我就和孩子一起商讨解决的办法，经过再次的加工，现在孩子们可喜欢玩这个游戏了。（案例摘自网络）

分析玩具材料是否适宜，主要观察幼儿是否自愿选择，选择之后持续多长时间、兴趣和专注度如何，操作的过程中是否遇到问题，是否能够自主地解决问题，玩具材料是否支持幼儿更深入的探究或游戏活动等。教师持续观察某个区域一段时间之后，自然就会获得相关信息进行科学的评判了。

(3) 观察可以帮助教师分析介入和支持幼儿活动的必要性和有效性

我们班有一个男孩，他不大和其他幼儿交往，只要和其他幼儿一起活动，总有人告状，不是他打人，就是他破坏别人的区域活动，久而久之，小朋友都不愿意和他玩了。请问，遇到这样的幼儿，该如何指导他和别的幼儿和平共处，共同开展区域活动呢？

对策：教师需要细致观察这个男孩在和其他幼儿一起活动时，一般会因为什么发生打人的行为，教师需要分析男孩打人的具体原因（比如是否因为别人过激的言语刺激或者不理睬；是否是因为拿不到自己心爱的玩具；是否是因为急于指挥别人玩游戏；是否是因为想表达和小朋友一起玩的愿望……）。教师实在找不到原因的话，可以与这个男孩多交流，询问他"发生了什么""为什么要这样"（倾听也是观察的手段）……当然，多与家长沟通，也有助于教师找到原因和对策。

教师找到男孩打人的原因之后，还需要通过观察找出发生打人行为之前男孩的行为预兆。比如呼吸急促、面色发红、拳头握紧、嘴里嘟囔什么……这样细致的观察有助于教师帮助幼儿在出手之前想办法先平和情绪。小孩子有任何情绪都不是错。但出手打人就是错，所以，教师必须教会孩子是非观念，教会孩子如何调控自己的情绪，如何学习社交的技巧，运用语言而不是动手解决问题。

区域活动的过程中教师是否需要介入指导？什么时机介入指导？以什么样的方式方法进行指导？……这些问题都是教师们很关心的问题，但却是任何专家给不了确切答案的。因为这些问题的答案都在现场，都需要教师对幼儿现场的活动情况和幼儿的行为进行细致的观察，再进行专业的分析之后判断。

教师的介入指导是否适宜，是否真正促进了幼儿的发展，还是起到了相反的作用——对于教师指导有效性的判断也需要根据观察进行评判。

（4）观察可以帮助教师设计适宜的、有针对性的教育教学内容和方式方法，让教师的"教"更有效

幼儿园每日活动中教师教什么和怎么教，一直是困扰教师最突出的问题。现阶段大多数幼儿园的老师还是每天对照着一本教材（教师用书）来确定教学的内容，教学的方式方法也会在教材中找到；也有些老师的备课就是把教材中的教学设计再重新抄写一遍，教具也不用准备了，因为很多课程中都配上了课件和动画，运用多媒体就好了……这样的教学好像在解放老师，但却是把老师拖进了被动实施教材的"深渊"之中。《纲要》强调"执行教育计划的过程是教师的再创造的过程"，《幼儿园教师专业标准》强调"幼儿教师是履行幼儿园教育工作职责的专业人员"，如何体现教师工作的"再创造"？如何体现幼儿教师作为"专业人员"的素养和职责？——透过观察幼儿、分析解读幼儿，以确定课程的目标、内容和实施的方式方法，简言之，就是幼儿教师每天教什么和怎么教，应该取决于幼儿是什么样的人，有什么样的发展特点、需求和兴趣。

(5) 观察可以帮助教师更有效地评价幼儿的发展，给予积极有效的反馈

教师在每天的工作中随时随地都可能给予幼儿评价，这些评价可能是正向的，也可能是负向的；可能是具体有效的，也可能是笼统表面的……教师只有认真观察幼儿的行为，才有可能了解幼儿成长中的点点滴滴具体详细的资料，才有可能及时发现幼儿成长中的闪光点和问题，并给予幼儿积极有效的反馈。

(6) 观察是落实行动研究的有效途径

自《纲要》颁布开始，幼儿教师逐步在转变观念，明确自己不再是教书匠的角色，而是幼儿成长过程中的"支持者、合作者、引导者"，也是创造性开展教育工作的研究者。这个研究自然不同于研究所、院校里的研究者，幼儿教师的研究更多的是实践研究，幼教实践的环境就是研究现场，教育实践中的问题就是研究的焦点。观察法就是实践研究最好的方法。

日常实践中的观察还能帮助教师建立理念与实践的链接；建立教与学的链接；重构幼儿教师的儿童观、教育观、课程观，不断拓展和深化对教育的理解；帮助教师从儿童发展中看到自己工作的意义，消除职业倦怠感。

总之，对幼儿的观察体现了教师对幼儿的关注和尊重，体现了作为幼儿教师的专业理念与素养，体现了一个有思想、会思考的专业工作者的独特视角。观察也是审视教育环境、课程和教育行为适宜性的主要依据。

我们既想细致观察某个幼儿的区域活动，也想关注全班幼儿的活动状况，唯恐出现安全问题，请问该如何做？

教师安静下来追随孩子进行观察很重要，但是，如果我们承认自己只有两只眼睛、一个大脑，那就必须得承认一个老师是无法同时细致观察全班所有幼儿的活动状态的。所以，最好的办法就是制订观察的计划，在一段时间内有目的地轮流观察全班幼儿，但在某一天的某个时间段，一个教师只能追随某个幼儿或某几个幼儿，或者定点观察某个区域中的幼儿。

"安全无小事"，但老师如果专注于对几个孩子的观察，那么其他孩子势必容易处于教师关注的边缘地带，出了安全事故怎么办？教师们应该如何分工合作？

首先，向老师们高度的责任心致敬，但是也请老师们别那么紧张兮兮。面积最大的班级一百多平方米，除了桌椅，就是橱柜和玩具材料，教师熟悉得不能再熟悉的环境，会有多少安全隐患呢？再说，班级里如果真的有安全隐患，赶紧解决掉啊。至于孩子们自由地在班级的区域里活动，只要开始时养成良好的活动常规，并没有多少安全问题。其实，这里呈现出来的是老师们比较突出的一个心理上的问题，即老师们对于孩子们的自由活动的极度恐惧。这些恐惧来自对幼儿的不信任，言外之意就是孩子一自由，肯定就乱了嘛，乱了肯定就会不断出现安全问题嘛……如果大家读读蒙台梭利的著作，就会发现蒙台梭利在研究儿童发展的时候，不仅提出了"秩序敏感期"的理论，而且她特别相信每个儿童内在的成长力量。她认为最好的教育就是信任和放手，创设良好的环境，给予儿童机会自我发现、自我成长，这也是现代教育所倡导的基本教育理念。

所以，在一次活动之中，无论教师是否都能关注得到，孩子们都会在自主的活动中得到发展。只要班级已经形成良好的活动常规，幼儿也很喜欢和享受有序的活动，并不会不断出现安全事件，请老师们放心。如果真的出现秩序问题或者安全问题，教师就应该很好地利用这些机会对幼儿进行引导，以更好地促进每个幼儿自我管理和自我保护的意识和能力的发展。

谈到班级教师的分工合作的问题，确实是个重要问题，一般来讲，班级区域活动时应该三位老师都在现场，而不应该去忙别的事情。主班老师可根据计划重点观察某个区域的某几个幼儿，同时，关注全班幼儿，每隔几分钟就对全班幼儿的活动状况进行一次扫描式观察。配班老师可以选择追踪某个幼儿进行观察记录，也可以选择在某个区域进行定点观察记录。

活动结束时三位老师需要进行简单的交流，以确定活动之后的分享交流的重点，因为主班老师不一定关注得到一些重要细节和所有的关键问题，这样简单的交流就有助于主班老师获得更全面的信息进行最有效的判断。

如果班级只有一个老师，观察幼儿和管理全班幼儿的活动同时兼顾，确实不容易做到，但也不是完全不能做。教师可以每次重点观察一个区域，再"粗线条"地兼顾其他区域即可。重要的是班级老师应该形成一种观察的习惯，让观察成为自己的一种职业自觉意识。

一个班级如果同时开放5个区域，只有2个教师，无法兼顾全体幼儿，做不到有目的观察，仅仅是随机观察，教师观察的随意性大，目的性不强，请问如何可以做到有目的观察与随机观察相结合？

无论班级有几个老师，开放几个区域，都不影响教师有目的地观察。教师少，幼儿多的情况下，需要教师做好计划，按照计划进行有目的地观察。所谓有目的观察，即是教师入班观察之前，具有明确的观察目标和准备。一般来讲，教师的观察目标可以确定为更好地了解班级幼儿的发展水平、发展特点；也可以确定为更好地了解幼儿游戏中的兴趣和游戏水平；或者班级区域环境与玩具材料的适宜性等。观察目标一般与班级工作重点的研究有关，与班级行动研究的目标相一致。如：

班级近期行动研究的重点：小班娃娃家游戏材料的调整

观察目标：娃娃家材料的适宜性

观察地点：娃娃家游戏区

观察对象：娃娃家所有幼儿或部分幼儿。

观察内容：观察幼儿整个游戏过程中使用了哪些材料，如何使用，使用频次，持续时间、遇到的问题等。

以上观察资料可以帮助教师更好地分析评判：娃娃家游戏材料是否有助于幼儿发起游戏主题；是否有助于丰富幼儿的游戏内容；是否有助于幼儿更多地进行以物代物的假想游戏；是否有助于幼儿之间的互动；是否有助于幼儿发现问题、解决问题等，再进一步思考玩具材料补充与调整的可能性与方向。

教师对幼儿的观察不是为了观察而观察，不是为了进班寻找更多的"哇时刻"，也不是为了上交几篇观察记录，完成任务。一般来讲，观察都是为了更好地了解幼儿，以更好地调整环境和材料，更好地支持和推动幼儿发展。所以，有目的的观察更有助于解决实践中的问题，也更有助于提升教师的专业素养。现阶段幼儿园进行的观察大多太随意，缺乏目的性和持续性，教师需要更多地把观察与完善自己的工作相结合，把观察与工作反思相结合。这样，有目的地观察和持续地观察自然也就会更多一些，观察也就成为有意义工作的一部分了。

区域活动中，教师如果发现儿童的行为与观察目标不符时，应该怎样做？

在进行区域活动观察时，有时候我们做了充分的准备，带着观察目标进入区域，观察过程中却可能被幼儿的其他行为或情节带走，偏离观察目标，这样也算正常，教师再灵活地调整观察目标和观察内容就好了。比如，我本来是想进建构区观察我班幼儿建构技能的发展水平，结果却发现两个男孩因为搭建主题争执不休，搭建主题好不容易确定好了，两个人又因为搭建底座使用圆柱体积木还是长条积木争论起来……针对现场发生的情形，教师可以灵活调整观察目标为"建构游戏中幼儿的社会交往水平"。追随幼儿建构游戏中交往的全过程；分析建构游戏中幼儿人际冲突的特点；分析本班幼儿游戏中人际冲突解决的水平。即使观察目标和观察重点调整了，也不影响教师观察和分析幼儿建构过程中使用到的建构技能，分析幼儿建构作品的完整性和复杂性。

我班的区域分别设在教室、寝室和走廊，如果都开放，老师很难定点观察指导每个区的孩子，如果不全部开放，那每个区的孩子又过多，怎样能合理安排孩子们进行活动？

如果班级只有一个老师，肯定不会在教室、寝室和走廊都设置区域，如此说来，班级区域活动时至少会有两个老师在现场。所以，区域活动时尽可能所有区域都开放，既然关闭某些区域可能导致每个区的孩子过多和拥挤、争抢，为什么不都开放呢？一个老师负责室内，一个老师负责室外走廊即可。负责室内的老师因为包括教室和寝室，活动区较多，很难细致观察到每个区域的每个孩子，教师就只有精观察（定点或定人观察）一个人或一个区，再粗观察（扫描观察）其他区域中的幼儿。

观察确实很重要，但是对于幼儿来讲，是否被老师观察和指导并不重要，重要的是有玩具材料可选，有空间、有机会可玩。幼儿园老师必须首先坚信一点，幼儿只要有机会自由选择、自主做事和游戏，就一定会有发展，在这个基础之上再谈教师的观察和指导的问题。

60.全园混龄区域活动时，教师该如何观察？

在我园混龄区域活动中，幼儿玩得太散了，本班老师根本不知

道他们都去了哪些区域、做了什么、做得怎么样……请问混龄区域活动时教师该如何观察？

关于混龄区域活动，前面谈到过一些观点，我首先不赞成为了追求所谓的特色而进行的混龄区域活动，也不赞成每个班级只设一个区域，只投放一种类型的区域玩具和材料，只适合开展一种类型的区域活动。我也不赞成规模比较大的幼儿园，班级常规的区域活动还没有开展好，孩子们的常规还没有建立起来，就冒进地推行全园的混龄区域活动。

当然，混龄区域活动具有一定的发展作用，比如扩大了幼儿自由选择和自主活动的范围，提升幼儿的环境适应能力和自主性；让幼儿对于某些环境具有新鲜感，兴致勃勃地参与更多区域的活动，提高活动的兴趣和参与度；让幼儿有机会接触不同年龄段的幼儿，拓展社交面，提高社会交往能力等。

但是，混龄区域活动也会带来一些问题，比如上面老师所说的问题就很直接和突出，班级老师不知道自己的孩子去了哪些区域、无法观察幼儿玩了什么玩具和材料、遭遇过什么问题、面对过什么矛盾冲突、积累了哪些经验……随后如何跟进指导和开展课程就无从谈起。

所以，混龄区域活动的开展一定慎重，根据自己幼儿园的实际情况来选择。一般来讲，规模较大（超过12个班的幼儿园）、班额过大（人数超过40的班级）都不是很适合开展混龄区域活动，否则，会导致教师压力过大，精力几乎都消耗在了布置环境和维护安全与纪律上。即使决定开展混龄区域活动的幼儿园也要注意不盲目冒进，根据各班幼儿的发展水平和实际情况循序渐进。第一，必须把班级的区域环境创设好；区域活动开展得较顺畅；幼儿已经具备自由选择区域和自主开展活动的能力；了解和遵守基本的区域活动规则。第二，每个班级创设的区域环境都具有一定的层次性；具有适合小中大三个年龄段幼儿的玩具材料。第三，可以先从临近的同年龄班的跨班区域活动开始，逐步扩大幼儿的活动范围。

跨班区域活动中教师如何观察和指导幼儿?

● 对全体教师进行合理的定点分配,保障所有的空间和所有的区域都有教师在岗,并担负起照护、观察和指导的责任。

● 区域活动之前,班级老师需要指导本班幼儿做区域活动计划,通过计划环节,了解幼儿的活动意愿,指导幼儿有目的地进行选择,并再次提醒规则和安全事项。

● 活动过程中,每个区域负责的老师需要对本区域的幼儿进行较细致和全面的观察和记录,尽可能把观察到的重点以图片、小视频的方式记录下来,以语音的方式(较简单、快捷)发送给班级老师(每个幼儿可佩带手环,标注班级和姓名),方便班级老师后期跟进指导和开展课程。

● 区域活动结束时,建议在区域内进行分享交流,而不是回班级。这样就要求老师需要具备细致观察的能力,以及对三个年龄段幼儿发展特点和发展目标的掌控。

● 幼儿回到班级之后,教师仍然可以组织幼儿进行表征和交流活动。通过幼儿的表征和表达,教师可以更多地了解幼儿的活动状况,并确定后续课程和环境的调整方案。

61.幼儿进行区域活动时,教师具体应该观察什么?

区域活动过程中,幼儿很分散,我们也知道观察很重要,可是经常会感到一头雾水,摸不着头绪,到底该观察谁,观察什么?

观察是一种有目的的感知觉综合行动,所以,观察谁,观察什么最好依据观察目的来确定。只有观察前具有明确的观察目标,教师才有可能从众多的幼儿当中迅速决定要观察的目标儿童;也才有可能从大量的幼儿活动信息中筛选出有用的内容，进行聚焦式观察。避免出现好像什么都看到了，又好像什么都没有看到。

前面举过一个例子，谈到小班娃娃家游戏材料的适宜性（见第59问）的观察案例，说明了观察目标与观察对象的选择、观察方法、观察内容的选择之间的关系。

教师可以根据自己的工作需要来确定观察目标，如果要解决区域材料的问题，就观察幼儿在区域中选择材料和使用材料的情况；如果要解决生成课程内容的问题，就观察幼儿在区域活动和自主游戏过程中感兴趣的活动和话题……

如果教师想要更明晰幼儿在创造性游戏中的特点和发展水平，一般可以观察以下几方面的内容：

- 幼儿的游戏意愿、游戏主题。
- 游戏中的角色分配、角色扮演；彼此之间的伙伴关系和交往状况。
- 游戏中对玩具材料的选择和使用。
- 游戏的主要情节和内容及其变化。
- 游戏中遇到的问题或冲突，以及解决的方式方法。
- 游戏中的兴趣与专注度。
- 游戏中创建的游戏规则，以及对规则的遵守情况。

如果教师想要明晰幼儿在自主的学习性区域活动中的兴趣和发展水平，一般可以观察以下几方面的内容：

- 幼儿的兴趣和专注程度、专注的时间。
- 对活动材料的选择和操作状况。
- 操作过程中反映出的幼儿观察力、注意力、记忆力、思维能力、语言表达能力以及动手操作能力等的具体表现。
- 活动过程中的伙伴关系以及同伴交往情况。
- 活动过程中反映的幼儿创造性发展的水平（创造性使用材料、创造性表达等）。
- 活动过程中遇到的挑战，以及面对挑战时幼儿的表现。

● 对规则的理解以及遵守规则的情况。

不同的幼儿园，发展阶段不一样，需要解决的问题不一样，观察内容可能就不一样；幼儿园一天中有各种各样的活动，活动的性质不一样，观察的内容也不一样；幼儿园阶段性研究目标不一样，观察的内容也不一样……所以，这里提供给大家的观察内容，仅供参考。

62.观察前和观察过程中应该注意什么才能提高观察的实效性？

观察前还需要做什么准备吗？观察过程中如何才能很快进入有效的观察之中？观察活动结束之后还需要做什么？

如果把教师观察分为三个阶段，观察前、中、后，每个阶段教师都应该注意一些问题，才能真正提高观察的实效。

(1) 观察前

● 确定观察目标。

● 根据目标确定观察对象、观察内容和观察的范围。

● 确定观察时间、长度和次数。

● 选择适宜的观察方法、地点，以及所需工具。

● 确定观察记录的方式方法(实地笔记、录音、录像、拍照……),并做好准备。

(2) 观察过程中

● 教师本人应静心专注，不要一边观察幼儿，一边还处理其他事情。

● 尽量采用旁观者观察的方式，避免自己的言行干扰到幼儿。如果必须要参与幼儿的活动的话，尽量让幼儿在前，不要导演幼儿的活动。

● 根据观察前的目标和准备，选择合适的观察位置。避免在距离幼儿太近的正前方，以免干扰幼儿的正常活动，一般选择 45 度角的位置。如果拍照，注意消掉"咔嚓咔嚓"的声音。

● 观察的过程也是慢慢聚焦的过程。如果你想要观察的目标幼儿没有达成你想要的目标也不要着急。

● 观察的过程应该伴随记录，可以笔录，也可以拍照与录像。

● 在不妨碍幼儿活动的情况下，观察可以伴随访谈(幼儿、教师、家长等)。比如活动结束时间问幼儿"刚才他对你说了什么""你们搭的这个是什么？为什么要在这里搭？"……如果观察的不是本班幼儿，活动结束时也可以问问老师，比如"这个玩具投放在区域多长时间了？""这个游戏主题孩子们玩了多久了？""游戏之前孩子们做过计划吗？他们的计划是什么？""我观察的这个孩子在班级里通常是什么样的表现？"……

(3) 观察后

● 观察之后需要尽快整理资料，避免时间一久就会遗忘某些东西。

● 对观察的资料进行解读，分析幼儿行为背后的原因，探寻幼儿行为的规律和特点等。

● 进一步搜集相关资料或者与同事交流，以帮助自己更好地理解幼儿，准确把握其中的本质、规律或因果关系。

● 反思与跟进教育行为。观察只是手段，不是目的，观察最核心的目的应该指向幼儿的发展，所以观察、分析解读之后，教师应该有行动，把教育落到实处。

63.有哪些方便教师在观察幼儿区域活动时记录的简易且有效的方法？

观察幼儿不容易，但对老师们来说最难的是写观察记录，第一因为工作太多，心思杂乱，静不下心来写；第二因为写观察记录需要花费较多时间；第三因为写观察记录实在"烧脑"，请问可以不写

吗？幼儿园为什么必须要求老师们每周交一篇观察记录呢？

我特别能理解上面这位老师的烦恼和压力，是啊，老师们工作确实已经够多了，为什么还要写观察记录呢？现阶段幼儿园确实需要好好梳理一下要求老师们所做的文案工作的必要性，减轻老师们的压力，能让老师们有心情观察幼儿，也能让老师们有时间整理自己的观察记录，更好地反思自己的工作。

我也反对在幼儿园硬性要求老师每周必须上交几篇观察记录的做法。但是，有一点是可以肯定的，写观察记录和不写观察记录的老师的成长历程一定会有很大的区别。

观察不等于观察记录，观察和观察记录都是收集信息资料的方法和途径。一般来讲，教师对幼儿的观察伴随一日生活随时随地发生着，观察应该是教师的一种职业自觉意识和自觉行为。

观察记录则是选取有典型意义的事件写下来，以期对幼儿发展有更深入的理解，对教师的教育工作有更深刻的反思。写观察记录的过程，也是教师以更专业的眼光看待幼儿行为、幼儿发展和幼儿教育的过程，所以，写观察记录也是培育教师专业精神、提高教师专业素养很好的方式。

教师首先要弄明白的一点是，哪些属于有典型意义的事件，值得写下来？

- 能够反映幼儿发展特点、发展水平的事件。
- 能够反映幼儿的个性特点、兴趣、需求的事件。
- 能够反映幼儿的自我意识、归属感和社会情感发展的事件。
- 表现幼儿面对矛盾、冲突、挑战时的态度和行为的事件。
- 能够反映幼儿发展中的问题的事件。
- 能够反映幼儿各种游戏发展水平的事件。
- 能够反映幼儿的课程经验迁移或运用的事件

……

另外，每一个事件都是综合的，甚至可能是错综复杂的。所以，同一个事件可能既反映了幼儿的动作发展水平；又反映了幼儿的社会交往水平、规则意识等方面的特点；还可能同时反应幼儿的意志品质和解决问题的综合智慧。如此说来，选择有典型意义的事件本身就反映了教师对于幼儿的认识水平和儿童观、教育观。为什么很多老师会说"好像什么都看到了，但好像又什么都没有看到"？为什么有人会说"我们只能看到我们想要看到的东西"？——"看到"和"选取"既是客观的观察过程，也是主观价值判断和筛选的过程。所以，幼儿教师需要练就一双理性的专业的眼睛，学会用专业的视角去审视幼儿的发展和我们自己的工作。

请问，一篇好的观察记录到底该怎么写？

其实，观察记录的方式有很多种，如果是结构式观察，观察过程中对照观察项目，填好预先设计好的表格就算记录好了。所谓结构式观察，一般是指观察者设计好观察样本和观察项目，并把观察项目尽可能具体并加以量化，把量化后的观察项目设计成严格的记录表格，以方便于对观察资料进行准确的分类、编码和分析整理。结构式观察在较正规的学术研究中运用比较广泛，现阶段幼儿园老师们所做的观察，一般都是非结构式观察，没有严格的观察项目规定，也不需要设计严谨的记录表格，记录方式多为叙事性记录。

叙事性观察记录需要教师按照事件发生的顺序，运用描述性的语言，有逻辑地表述事件发生、发展的全过程。其实，写叙事性观察记录并不难，就像小学生写记叙文一样的要求：写清楚时间、地点、人物、事件发生过程，并能让别人读明白即可。

一篇叙事性观察记录一般包含以下几部分：

⑴ **观察记录名称**。就像写一篇作文，先要确定题目一样，题目需要概括事件的核心主题或核心意义。比如"娃娃家里的风波"，而不是"角色游戏观察记录"。

⑵ **观察目的**。如果是教师的随机观察，就可以不用写这一项。

⑶ **观察时间、地点、观察对象、观察人或记录人**。写清楚观察时间、地点和观察对象，有助于别人更好地理解幼儿的行为。如果一个本子都是教师个人的观察记录，可以不用写观察人或记录人。

(4) 事件发生的背景。写清楚背景，有助于别人理解幼儿行为发生的前因后果。背景既包括环境影响，也包括前期经验、教师引导，还包括事件发生前的序幕事件等。

(5) 客观、准确地描述事件发生、发展的过程。这部分是观察记录的核心内容。教师需要按照事件发生的过程，有序地、详略得当地、有逻辑地描述幼儿的态度、行为。

(6) 对观察的事件进行分析解读。这部分是教师利用自己的专业知识和实践经验对幼儿的行为进行主观分析的过程，分析的过程也是寻找前因后果、规律和本质的过程。

(7) 对自己的教育行为进行反思。这个过程的意义就在于，教师把幼儿的行为与自己的教育行为联系起来思考,让自己今后的教育行为更具有针对性和实效性。

写叙事性观察记录时应注意以下几点：

(1) 观察记录要围绕具有典型意义的事件和要反映的问题集中描述，重点突出。与主题无关的内容尽量简化，详略得当，避免泛泛而谈。

(2) 对事件的描述尽可能系统、完整，描述清晰、条理、有逻辑。老师们描述的事情，因为是自己经历过的，所以，自己看自己写的东西特别清楚。可是，换了别人的视角来看，却发现事件描述可能存在不完整、不清晰、不条理等问题。

(3) 对事件的描述要尽可能客观、真实、准确，避免主观臆断和偏见。教师记录时应自始至终写自己眼睛看到的东西、耳朵听到的东西，要用具体的、非评判性的语言来叙述,尽可能避免使用带有强烈感情色彩和主观推测的语言:如喜欢、愤怒、害羞、敌对、固执、自私、团结、善良等，这些词汇很容易给幼儿贴上简单、肤浅、固化的标签。

下面是老师们的观察记录片段，请判断它们哪一个的描述更客观一些。

A. 今天丽丽到园后哭了 20 分钟，李老师后来抱了她，让她坐在自己腿上。

B. 妈妈早上一离开，丽丽就想妈妈了，她寻求最喜欢的李老师的安慰，她感觉不太好。

显然，案例 B 的描述中有更多的主观猜测和评判的词汇，如"想妈妈""最喜欢""感觉不太好"，这些词汇的运用会导致教师的描述不够客观。

（4）基本的伦理要求，如使用许可、保密、匿名等。教师对幼儿的观察记录仅仅在园内交流，或者传给幼儿自己的父母看，不需要匿名。但如果上传网络，或者公开发表，教师必须取得家长的许可，尤其是其中的照片，或者匿名使用。

写观察记录有没有比较简单、便捷的方式？

视频和录音也是记录的一种方式，这种方式可以比较原始地保存幼儿活动的全过程，帮助我们更好地还原现场的事件。

谈到"写观察记录"，那就需要"写"的过程，而不仅仅是"录"的过程。其实，教师们写观察记录可长可短，可详可略。

这里提供一种比较简便易行的写观察记录的方式——图片故事。图片故事，即是运用图片 + 文字的方式记录事件发生发展的过程。现在年轻的教师都很习惯于用手机拍照，简单可行，拍完之后，把事件的全过程运用图片呈现出来。老师们有时间的话，则对图片进行较详细的解说，老师们若没有时间，每张图片用一两句话简单解说一下，组合起来就是一个图片故事。图片故事讲完之后，仍然需要教师写后面的分析解读和反思。

64.如何准确分析解读幼儿在区域活动中的行为？

老师们写故事其实并不难，难的是不知道该如何分析解读自己观察到的幼儿的行为，请问该如何提高老师们分析解读幼儿的能力？

所谓解读分析，即教师透过幼儿的外显行为分析幼儿的内在需求、兴趣、行动缘由，以及幼儿发展的规律和特点。其实，"观察"这个词的含义本身就不仅仅是用眼睛看、用耳朵听，而是包含了积极思考的意义在内的，需要"观者"动脑筋思考事物或现象的本质、动向或规律。教师若不用心、用脑去思考，不可能真正了解幼儿的发展和教育的现状，所以，观察记录在书写时必须包含分析解读部分。

对于幼儿园教师来讲，记录一个故事，描述幼儿行为的过程确实不难，但要分析幼儿行为背后深藏的意义、规律等，即透过现象看本质，那就不是一件简单的事情，需要教师动用自己所有的教育学、心理学知识和教育实践积累。如果一个教师缺乏前期的教育学、心理学的基础知识，只怕是有人给讲再多的分析解读的技巧也没有用。所以，合格的幼儿教师必须"要经过严格的培养与培训，具有良好的职业道德，掌握系统的专业知识和专业技能。"（《幼儿园教师专业标准》），没有"系统的专业知识和专业技能"做基础，幼儿教师很难成为"履行幼儿园教育工作职责的专业人员"。

所以，要提升教师分析解读幼儿行为的能力，还需要丰富教师的专业基础知识、积累教师的实践智慧，提高教师的专业技能。

对于幼儿区域活动中的行为的分析解读，可以围绕以下几方面进行：

(1) 幼儿发展特点和水平。 教师观察到的通常是幼儿在某个区域中的具体行为，这些行为会呈现出幼儿某些方面的发展特点和水平。比如：幼儿大动作或精细动作发展；幼儿语言发展；幼儿观察、记忆、注意、思维等的发展；幼儿人际交往能力发展；幼儿自我意识与自主性的发展；幼儿情绪情感和调控能力的发展；幼儿意志力、学习品质方面的发展；幼儿审美意识和能力的发展；幼儿想象力与创造力的发展……

案例

三次测量结束之后，男孩开始翻看记录本前面的记录，原来记录本已经用完没有表格了。他仍然反复翻看前面的记录表格，这时，教师出现了。教师没有立刻去补充记录表，而是问孩子怎么办，他说："最好的办法是把这一面（指着反面）画上（表格），这样两面就都可以用了。"教师肯定和鼓励了他的好主意，请他试试，他按照正面透过来的表格痕迹很快画好了表格（见图1 图2）。

图1教师设计的测量记录表

图2幼儿自己画在背面的测量记录表

在孩子画好表格之后，教师问他上面一栏是什么，孩子翻过老师设计的表格看看，说是测量工具（用文字表示），老师提示孩子："测量工具该用什么来表示？"男孩没有回答，却毫不迟疑地在测量工具一栏中画了一个扳手样的图案，又在对象一栏中画了一个人物头，在粗细那一栏中画了一个小圆一个大圆。

分析解读：这一过程中孩子表现出来的智慧让我既惊讶又感动——教师用尺子画出来的表格，孩子自己快速就能画出来，因为他知道沿着正面表格透过的痕迹画；更让我吃惊的是，他会用半抽象的图案和符号表示事物。扳手这样的工具在我的印象中很少有孩子会熟悉，这个男孩却毫不迟疑地选用扳手图案代表工具，可见这个男孩的生活经验较丰富，逻辑思维能力也超出同年龄孩子很多。

——摘自《幼儿园区域活动现场指导艺术》中的案例28《谁的腰最粗》，第182~183页。

(2) **游戏发展特点和水平**。如果教师观察到的是幼儿的创造性游戏，也可以围绕幼儿游戏的发展特点和水平进行分析。分析时可以针对其游戏主题的选择、游戏情节的丰富与创意、游戏中的问题解决能力、游戏中的社会交往、游戏中的材料选择与创造性使用、游戏中的独立性与合作性、游戏规则的遵守等方面进行分析。

案例

小强、妞妞和敏敏带着区角卡走了进来，他们打开箱子，自顾自地玩了起来，一会儿打打电话，一会儿摆弄一下打火灶，没有任何交流。过了一会儿，活泼的小强从箱子里掏出来一个沙球，摆弄起来，他把沙球放在嘴边，喊："喂喂！"哦！原来他把沙球当作了麦克风。玩了一会儿，小强兴奋地对姐姐说："我们玩结婚的游戏吧。"——得到了姐姐的同意，小强和敏敏从表演区搬来了一个大盒子，这个盒子被教师精心地包装过，应该是在表演区当作小舞台用的。只见小强拿着麦克风站在舞台上，大声说："婚礼正式开始！请新郎新娘入场！"哦！原来他想到了婚礼主持人。姐姐傻傻地站在那里，显然没有反应过来。小强从舞台上跳下来，扯着她的衣服说："快点！新郎新娘入场了！"然后又跑过去扯敏敏，他一定是想让敏敏当新郎。敏敏看了看姐姐说："她一点也不像新娘子，新娘子头上有头纱呢！"小强愣了一下，说："没关系，我们一起打扮打扮她！"说着，他又来到表演区的架子上开始寻找，找到了一个红色的披风，披在姐姐的头上，然后又到箱子里翻了半天，找到了一个小盒子，开始往姐姐的脸上涂抹，从动作可以看出来，他把小盒子当成了化妆盒（见下图）。

　　分析解读：幼儿阶段的典型游戏就是象征性游戏，假想的行为是象征性游戏的突出表现，而以物代物则是假想最基本的表现形式。

在上面的案例中，小强把自己假想成婚礼主持人，而让敏敏和妞妞扮演新娘和新郎，举行假想中的婚礼游戏，自得其乐。在这段游戏中，小强一直处于游戏主导者的角色，他一共进行了两次以物代物的行为——把沙球当作麦克风，把披风当作头纱。他选择的两种材料均属于形象逼真的玩具，小强把它们想象成在外形上比较接近生活原型的物品，这些行为的出现在使游戏得以展开的同时，也让孩子的象征性思维能力得到发展。

——摘自《幼儿园区域活动现场指导艺术》中的案例7《好玩的百宝箱》，第40~41页。

案例

托班的区域活动开始了，有两个男孩子进入娃娃家，开始了游戏。毛毛很快来到小厨房里，开始使用小锅做饭。哲哲看到了，犹豫一下，也走过来，做起了同样的事情。但明显可以看出，毛毛是很有主意的，进来以后就很快开始做自己想做的事情，哲哲却有点不知道应该干什么，只是看到别人的行为，才开始模仿起来。

分析解读：托班的孩子尚处于独自游戏往平行游戏过渡的阶段，他们在游戏中还不会跟同伴协商一起玩，往往自顾自地干自己感兴趣的事情。他们的角色意识也比较淡薄，所以有时候不是在扮演角色，而是在拿游戏区的材料玩耍。

——摘自《幼儿园区域活动现场指导艺术》中的案例5《娃娃家里的两个爸爸》，第27页。

(3) **幼儿兴趣、需要、个性等**。教师若要了解幼儿的兴趣和需要，最简单的办法就是观察幼儿喜欢做什么。比如每次区域活动时喜欢选择哪个区域，每次在这个区域里专注于做什么，一般持续多长时间……幼儿这些外在的行为反映的就是其内在的需求和兴趣。幼儿园老师们经常问的孩子们"偏区"的问题，其实就是反映了孩子们各自的兴趣和需要，同时，也是其个性特点的某种反映。

有时候幼儿持续做某事，也可能是其敏感期的反映。

案例

今天选择美工区的有3个男孩和一个女孩。刚一进区，小女孩就到橱柜中把印章的小盒子放到桌上，然后用印章蘸颜料，转身摁在墙上教师的轮廓图上，其余3个孩子立刻效仿，将装有印章的3个小盒子都拿到桌上。孩子们之间没有语言交流，但好像都沉浸在印章画的活动之中。刚开始他们的动作还有些迟疑，不能确定把印章摁在什么地方，慢慢地，他们的动作越来越放得开，印章蘸的颜料也越来越多，结果颜料弄得手上、地上都有，印在墙上的画中颜料也往下淌（见下图）。

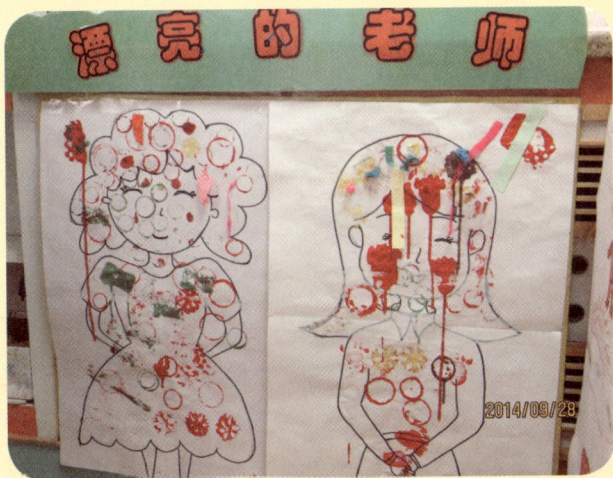

解读分析：看得出孩子们原来玩过印章画，所以仍然钟情于这项活动。这就是小班孩子的特点，喜欢模仿，喜欢重复，喜欢熟悉的事物。当他们学会做一件事时，就会反复练习，自得其乐。

——摘自《幼儿园区域活动现场指导艺术》中的案例24《最爱印章画》，第157页。

(4) 行为的前因后果。活动过程中，教师会观察到幼儿各种各样的外在行为。

这些行为可能很积极，比如谦让、合作、动脑筋思考、独立、坚持、有始有终等；也可能会出现一些让老师不知所措的消极行为，比如哭泣、抢玩具、打人、独占玩具、游离活动之外、大发脾气、乱扔玩具、破坏别人作品……若要找到针对这些行为的有效引导策略，教师必须首先学会分析幼儿行为的前因后果。

案例

活动开始了，三个男孩来到了益智区，同时选择了钓鱼玩具。可是玩具筐里只有两个鱼竿，小虎和阳阳每人拿了一个，没有拿到鱼竿的涵涵非常失望。他跑到小虎面前，不断地央求："我玩一会儿行吗？你玩完了给我玩一会儿吧。"当发现小虎不理他时，又向老师求助，可是教师并没有听到。这时，涵涵又开始苦苦哀求小虎，小虎有点烦了，说："别吵我！你快去玩别的吧！"见自己的话没有什么作用，小虎便向王老师喊："老师，他总是吵我！"王老师对涵涵说："为什么你总是吵小虎？""我想玩鱼竿。"涵涵说。"可是现在没有鱼竿了怎么办？要不你先到别的地方玩一会儿，等小虎玩完了你再过来？"王老师劝了涵涵，又劝了小虎，可是两个人谁也不想放弃。

分析解读：孩子们都喜欢玩具，所以，同伴间争抢玩具在幼儿园里屡见不鲜，尤其是在小班。小班幼儿还处于自我中心阶段，自控能力比较差，不懂得互相谦让，一些幼儿甚至会与同伴发生矛盾，出现打人、咬人、抓人的现象。此外，小班幼儿还有一个特点，那就是喜欢模仿，愿意与别人玩一样的东西，所以上面案例中的涵涵，看到小虎和阳阳玩钓鱼的游戏，就非常渴望有机会玩。

——摘自《幼儿园区域活动现场指导艺术》中的案例33《大家轮流玩》，第210~211页。

(5) 幼儿活动蕴含的发展价值、潜在意义。 幼儿的行为是环境的产物，在活动现场，教师为幼儿提供了什么样的活动空间和材料，对幼儿放手和尊重，还是严格管控，这些都会对幼儿的行为产生极大的影响。另外，在不同性质的活动中，幼儿也会有不一样的行为表现。比如户外的自主游戏和户外的集体游戏，尽管都在同一个场地，都算游戏的一种，但活动性质却完全不同，幼儿的行为也是完全不同的。在自主的游戏中，幼儿会有更开放、更自由、更富有创造性的表现，而在教师组织的集体游戏中，幼儿则必须按照要求做出相应的动作、遵守规则、注意合作等。所以，对幼儿的行为进行观察分析时，也可以分析不同的环境和材料的影响，分析不同类型的活动的价值和潜在意义。

案例

　　名谦也在玩滚桶，当他看到真真推着滚桶向他跑过来时，也赶紧上去"迎战"。就这样两个人决定开展"对抗赛"，几个孩子看到后也随机参与到"对抗赛"的游戏中。

　　一个简单的"滚桶对抗赛"让孩子们玩得不亦乐乎！（见图1）

　　在进行过几次"对抗赛"后，可能参战的孩子有些累了，没有了一开始的劲头了，真真趁机把滚桶滚到一边，又开始了他自创的游戏。他将滚桶用力地竖起来，再翻过去，然后从旁边找来一个半圆形门放在了滚桶旁边，之后踩着半圆形门站到了滚桶上。

　　第一次站上去看起来很有成就感，所以真真接着连续尝试了好几次。政辰也赶来了，于是共同玩起了一个滚桶。不同的是，两个人下滚桶的方法不同：政辰每次都是从上面跳下来；而真真每次都是坐在上面，然后双手一推滚桶跳下来（见图2）。

图1

图2

　　分析解读：看来真真对滚桶的确是喜欢，他运用材料的能力也非常突出。一个滚桶可以引发他这么多的游戏内容：推着跑、站在筒上玩、钻进筒滚、滚桶对抗赛、跳滚桶……在自主游戏中，我们常常会发现孩子们有着很强的创造性使用材料的能力，同时也会发现孩子们在这方面往往会受同伴的影响，彼此激发、互相学习。

————摘自《幼儿园自主游戏观察与记录——从游戏故事中发现儿童》中的案例16《好玩的滚筒》，第109页

观察分析幼儿的行为，老师们还是会觉得不容易，能不能推荐一本书，老师们只要参考其中的内容就可以写出来了？

观察幼儿的行为，分析幼儿行为背后的本质或特征，其实，也不难，但不是某一本书就能帮助到大家的，教师可以从以下几个方面寻找支持：

(1) 结合《指南》《纲要》精神和要点进行分析。现阶段的老师其实挺幸福的，因为有《指南》和《纲要》的具体引领。比如，《指南》阐述了各个年龄段、各个领域的发展目标和教育建议，老师们可以把幼儿的行为与《指南》的阐述进行对照，通过对照来解释幼儿行为背后的发展。

(2) 结合幼儿心理年龄特点进行分析。对幼儿的行为进行分析解读的关键是对幼儿发展水平、发展特点的认识，而这些基础知识都来自儿童发展心理学。所以，老师们需要重新把这门课程拾起来，选择一本经典的《学前儿童心理学》的著作，经常把幼儿的行为与心理学对某个年龄段幼儿发展特点的阐述进行对照，让心理学理论与教师个人对幼儿的实践认识建立起联系，从根本上提升教师的专业素养。

(3) 结合教育理论、游戏理论进行分析。对于幼儿的发展和行为特点的认识，除了心理学的理论之外，还有影响比较大的就是教育学理论。不同的教育流派、教育观念会对幼儿的发展和教育有不同的阐释，这些都会影响我们如何看待幼儿的发展。如果教师观察到的是幼儿的游戏，那么，基础的游戏理论的知识，教师也需要具备，才能对幼儿的游戏行为有比较准确的解释。

(4) 结合幼儿成长背景进行分析。每个幼儿在不同的家庭中长大，家庭结

构不一样，父母的职业经历不一样、收入差异很大，父母的养育观念不一样、养育方式方法不一样……所有这些都会对幼儿的个性、兴趣、习惯、交往模式、对一件事的反应模式等产生极大的影响。所以，当教师观察到幼儿的某些行为时，不妨结合幼儿的家庭生活经验和父母的养育方式进行分析，可能很快就会找到症结所在。

(5) **结合幼儿的课程经验和生活经验进行分析**。幼儿的行为即幼儿经验的反映，具备什么样的经验，就会呈现什么样的具体行为。所以，教师在观察和分析幼儿的活动时，可以结合班级前期开展的课程内容或者幼儿具备的已有经验进行分析。比如，幼儿的游戏主题、游戏情节、游戏中的交往、问题解决的能力……可能都是幼儿经验的一种反映。

（6）**纵向对比进行分析**。任何一个人都是一个连续的成长中的个体，今天的表现一定与昨天的经验有某种程度的关联。所以，对幼儿的行为进行观察分析时，不妨看看以前这个幼儿是什么样的表现。这样的对比分析可以帮助我们看到幼儿的成长变化，也会帮助我们梳理幼儿成长的特点和规律。

（7）**横向对比进行分析**。每个班级里都有几十个幼儿，他们个性不同、兴趣不同、认知风格不同……但他们在一个群体中生活，会有一样的课程经验，会经历大致相同的一日生活。所以，他们既相互独立，又密切关联。教师对幼儿进行观察分析时，可以对班级的幼儿进行横向分析，这样的横向分析会帮助教师清晰地看到幼儿之间在个性特点、气质类型、发展速度、兴趣爱好、认知风格等方面的个体差异，以更好地进行因材施教。

为了尽快提升自己的专业分析能力，现阶段幼儿园教师需要多做以下几方面工作：

● 尽快补足自己的儿童发展心理学和教育学的基础知识。

● 多看、多想、多写，只有在实践练习中才能不断提高自己观察幼儿、分析解读幼儿的专业技能。

● 同行之间多交流，教研是一种集体反思，可以完善教师个人在专业知识方面存在的某些不足，教研的过程也是相互激发、相互支持的过程。

观察记录除了分析解读幼儿的行为之外，最后还要写自己的反思，要思考自己的教育行为，请问这部分怎么写？

前面说过，观察和记录都是获取幼儿发展信息的手段，分析解读是帮助我们更好地理解这些信息，这都不是目的，最终的目的一定是落实在幼儿的发展上。所以，写观察记录的最终目的不是积累一大堆观察资料，而是要从这些资料中分析幼儿发展的特点、规律，针对这些特点和规律更好地设计环境和课程，实施更好的教育，以提高教育的针对性和实效性。

观察记录的最后一部分在新西兰的"学习故事"中称之为"回应"，我们这里可以称之为"反思"，也可以称之为"回应"，或者"回应策略"。其实名称无所谓，关键的是教师需要清晰地了解这部分的含义和要求：针对幼儿的行为，教师需要认真分析和思考。一方面反思自己已有的教育行为是否适宜，存在哪些问题，是否需要调整；另一方面需要思考今后该怎么做，有哪些较适宜的引导策略，才能给予幼儿更好的引领。

具体来讲，教师在写观察记录时，可以围绕以下几方面进行专业的思考，找到应对的策略：

(1) 反思自己的儿童观、教育观和区域活动过程中的言行对幼儿的影响。幼儿的表现也是教师的一面镜子，教师应该从中看到自己的问题。比如区域活动过程中，如果观察到幼儿找不到自己喜欢的区域寻找老师帮忙；因为玩具材料与同伴发生争执寻找老师帮忙；因为角色分配不如意寻找老师帮忙；有小朋友碰倒自己的建构作品寻找老师帮忙；想要加入一组游戏怕被拒绝寻找老师帮忙……教师需要反思一下自己在以往的班级管理中是否对幼儿管控过多，导致的幼儿独立性、自主性比较差？只要教师不肯放手，幼儿就可能会过于依赖教师，遇到问题和矛盾冲突时缩手缩脚、不知所措，所以教师需要反思自己的儿童观和教育观上存在的问题。所有的高控都与教师的儿童观和教育观有关系，教师只有信任幼儿是有能力的个体才会放手，才会给予幼儿更多的自由选择和自主活动的机会。

(2) 思考区域环境与材料对幼儿的支持以及后续调整的策略。 幼儿的行为受环境的影响极大，所以，当教师观察到幼儿某些行为，并对幼儿的行为和发展有比较深刻的理性分析之后，可以反思班级的空间分割是否适宜，玩具材料的投放是否有问题，是否符合幼儿的兴趣、需要和发展水平，是否给予到幼儿恰当的支持，今后如何调整才能更好地促进幼儿发展。

案例

回应策略

(1) 尽可能鼓励幼儿自己面对问题，自己想办法解决问题。面对大班幼儿之间的冲突事件，教师不应站在成人的立场上，简单地给予他们一个结果，而应启发幼儿想办法解决。针对故事中的情况，教师可以在全面了解事情发生的全过程后，通过提问把问题再抛给幼儿，鼓励他们自主解决矛盾冲突。比如，"什么样的办法能解决这个问题"，引导幼儿自己去解决问题；"这个游戏区有什么规定"，提示幼儿应遵守区域游戏规则，可能问题就会得到解决。

(2) 让幼儿就当天发生的事情展开讨论，看看谁的做法值得提倡，谁的做法是不恰当的。大班幼儿已有比较成熟的自我评价能力，就算事发时着急不择法，但事情过后，他们基本也能分析出自己的所作所为是对是错。通过讨论，也能够让其他幼儿从中学会处理类似的问题，逐步学习从对方的角度看问题，这将为幼儿与他人建立良好的社会关系奠定坚实的基础。

(3) 根据幼儿的兴趣和需要，灵活调整游戏区的活动空间和材料。既然扑克牌游戏是孩子们都喜欢的游戏，教师可以把这个游戏区的空间再扩大些，多投放几副扑克牌，让孩子们分成几个小组进行游戏，以满足更多幼儿想参与游戏的愿望。

——摘自《幼儿园自主游戏观察与记录——从游戏故事中发现儿童》案例 22，第 139～140 页

(3) 思考今后在区域活动中支持和推动幼儿发展的具体策略。 如果教师观察到幼儿某些行为，并运用专业知识分析到了幼儿行为背后的缘由，那么，教师就需要思考如何做的问题，一个专业的幼儿教师需要具备专业的眼光审视自己的教育行为，还需要具备实践的智慧能够引领和推动幼儿的发展。上面案例中的回应策略的第一条和第二条涉及的就是教师的具体引导策略，大家可以参考。

(4) 思考今后课程内容的调整，以更好地支持幼儿的经验拓展和能力提升。 区域活动是幼儿园课程的重要组成部分，同时，与幼儿园的教育教学活动相呼应、相辅相成。幼儿在区域活动中获得的经验可以自然迁移到教学活动之中，当然，幼儿的教学活动也会自然延伸到区域活动中。教师如果观察到幼儿在区域活动中遭遇到的问题、困难可能与某些方面的经验匮乏有关，那就可以灵活调整今后的教育教学内容。利用主题谈话、阅读、集体教学等活动有目的地帮助幼儿拓展经验、提升能力，以更好地促进幼儿的整体发展。这也有利于幼儿园课程的系统性建构，也是幼儿园预设课程与生成课程相互融合的表现。

(5) 针对个别幼儿的问题，思考家园共育的具体策略。 按照生态理论的解释，幼儿不是孤立的存在，而是生活在一个系统或者说是多个相互关联的系统之中。比如家庭和幼儿园既是两个分离的系统，对于幼儿的发展来讲，又是不可分割、紧密相连的系统。所以，对于幼儿的任何行为问题和教育，幼儿园都必须与家庭密切沟通。比如，如果教师观察到幼儿在区域活动中打人的行为，应该做详细的记录，并和家长一起分析记录的情形；一起分析幼儿发脾气打人的原因；一起对照原因探寻应对的策略。家园一致的态度和观念，一致的教育方法，一定会引导幼儿慢慢调整自己，学会适宜的情绪调控方法和社交技巧。

总之，教师观察记录的最后一部分在书写上没有特定的要求，教师可以灵活把握，关键是要给出具体的教育策略，把幼儿的发展落实到具体的教育实践之中。

66.老师们所做的观察记录有什么用？

我们幼儿园要求每位老师每周上交两篇观察记录，园长会检查每个人是否完成，并记录下来作为考核内容，但上交之后就没事了，我们都觉得写观察记录没用，纯属浪费时间，折磨老师。

我前面说过，观察不等于观察记录，观察之后也不一定非要写观察记录，写的过程确实是挺磨人的过程。第一，需要老师们拿出专门的时间。我带过很多次工作坊活动，其中有些工作坊就是大家一起做观察，并写出观察记录进行交流，发现即使不算观察的一个小时，老师们书写一篇观察记录的时间也超过3个小时，如此说来，每周上交两篇观察记录就需要8小时以上的时间。我本人反对幼儿园管理者要求老师每周都必须要上交一定数量的观察记录，因为容易导致老师们消极应付。如果每周必须要上交观察记录，幼儿园需要一起讨论什么时间完成比较适宜，而不至于让老师们感觉难以承受。第二，写观察记录真的不简单，需要老师们认真观察、专业思考。观察实录部分不能写成流水账，要客观完整、重点突出、层次分明、逻辑清晰；分析解读部分要透过现象深入本质，能抓住行为或现象背后的缘由、规律或特点；反思部分能客观审视自己的教育观念和行为，给出具有可行性、建设性的具体的指导策略，以更好地推动幼儿的可持续发展。正因如此，写或不写差异巨大，书写观察记录也是教师跳出"舒适区"、远离思维惰性的过程。一个真正想在专业上有所发展和成就的老师，一定会从观察和书写观察记录中获得对幼儿和幼儿教育的全新的专业认识，这也是完善教师儿童观、教育观，提高教师专业素养的非常好的路径。

书写观察记录不仅仅能帮助教师提升专业素养，也是幼儿园课程建设、课程质量提升的路径。幼儿园老师们书写的观察记录，绝对不应该被冷冷地晾在电脑里、资料柜里，它至少应该有以下几方面的用途：

(1) 应用于教师之间交流研讨，作为课程建设的依据、解决教育工作中间

题的依据。幼儿园教师经常要面对很多保教工作中的问题，比如教什么、怎么教的问题、幼儿行为如何应对的问题、环境如何创设的问题、玩具材料如何支持和推动幼儿自主发展的问题、区域活动中如何观察和指导的问题……针对这些问题，探寻解决的对策，最好的路径就是幼儿园内的园本教研。而园本教研开展的方式之一就是案例式研讨，老师们写的观察记录就是最好的案例，是最切合实际的案例。无论是解决环境创设方面的问题，还是解决教师指导行为方面的问题，还是解决课程建设方面的问题，都可以围绕教师们书写的观察记录进行研讨。个人反思加集体研讨的方式，更适用于幼儿园教师，因为幼儿园教师队伍年轻化是越来越明显的趋势，加上幼儿园教师队伍中女性居多数，女性更喜欢的方式是共同面对问题而不是独自思考问题，教研的过程有助于教师慢慢梳理出问题的脉络，并找到相对适宜的应对策略。这样的园本教研具有很强的针对性和实效性，是真正脚踏实地的行动研究。

从这个角度来看观察和观察记录，再次说明教师所做的观察记录真正的意义是服务于工作，不能为了写观察记录而做观察记录。

(2) 应用于幼儿发展研究与教育，作为评价幼儿发展的依据，也是幼儿成长档案袋重要的组成部分。幼儿园老师们书写的观察记录通常都指向幼儿在活动中的表现，这些表现可能是正向的，比如幼儿独立、有主见、坚持某项活动、友好、合作、具有社交技能、善于思考、创造性地利用玩具材料、创造性地开展游戏、解决问题等；幼儿的行为表现也可能是负向的，比如依赖性强、缺乏主见、专注力差、争抢玩具、打人、破坏规则、不肯合作、不肯收整玩具材料……这些对幼儿行为的观察记录是研究和评价幼儿发展的最值得依赖的证据。

观察法本来就是教育研究最基本的方法，无论是对于3~6岁幼儿发展的研究来讲，还是对幼儿教师来讲，最实用的研究方法就是观察法。通过观察搜集幼儿发展的真实的资料，可以更好地阐释幼儿发展的特点和规律，可以更准确地评价幼儿发展的水平。

每个班级的老师都会帮助幼儿建立成长档案袋，袋里所装的资料比较丰富，比如幼儿的课程学习资料、幼儿外出活动资料、幼儿美术作品、幼儿科学探究的作品等。其实，教师为幼儿所做的观察记录是最值得留藏在档案袋里的资料，这些资料以非常专业的视角记录和解释了幼儿在各种活动中的表现，是幼儿发展历程最好的纪念。

(3) 应用于家园沟通，是家园携手、共促幼儿发展的重要依据。经常有教师反映家长工作难做，当教师这样抱怨的时候，是否想过家长工作是真的难做，还是我们做的方式方法不到位？每个家长都对自己孩子在幼儿园的生活和表现高度关注，如果教师可以对幼儿在幼儿园活动有非常细致和客观的记录，哪个家长不感激教师的敬业？哪个家长不敬佩教师的专业高度？……家园沟通时，教师们应避免简简单单地回应"挺好的"，笼统而泛化，没有任何实际意义。每个周末把对幼儿所做的观察记录带回家，让家长也参与到观察记录和分析中来，让家长也学习用儿童的视角去看待儿童的发展与教育。每学期的家长会运用观察记录和家长交流幼儿的发展特点，交流幼儿教育应有的要义，这对于转变家长的观念，形成家园一致的教育理念和教育行为非常有帮助。

(4) 应用于班级日常的沟通，作为班级故事与孩子分享。观察记录不仅仅可以用于教师和家长的工作，其实，孩子们也喜欢自己的故事。刨除观察记录中的分析解读和反思部分，教师书写的观察记录就是关于班级孩子们的生活故事，配上照片或小视频一起播放，别提孩子们有多乐了……这样的故事分享有助于增进伙伴感情、师幼感情；有助于增进班级共同的幸福感和归属感。故事分享也有助于大家一起讨论幼儿的行为问题、规则问题；有助于幼儿的自我反思，减轻教师进行班级管理的压力，增强每个幼儿自主管理的能力。

作为幼儿园的管理者，怎样做可以给予教师更好的支持和帮助？

为了让教师能静心进行观察，有时间书写观察记录和组织教研活动，以真正实现幼儿发展、教师发展、幼儿园发展三位一体的目标，幼儿园管理者应该从以下几方面给予教师必要的支持：

(1) 班级保持合理的师生比，在安全问题上适当给老师减压。很多教师抱怨不能静下来专心观察幼儿，大都和班额太大、安全压力太大有关系。当班级人数超出国家规定的合理人数时，教师不仅无法静下来观察幼儿，撰写观察记录，而且保教质量也不可能真正提上去，教师也会感觉筋疲力尽，充满职业倦怠感。

(2) 减少学业课程的压力与评价，给予幼儿更多自主活动的机会和条件。 幼儿园，尤其是民办幼儿园的管理者面临层层招生的压力，经常会以各种特色课程呼应家长对于学业学习的热情。当幼儿园每日安排各种特色课程，除了上课，还是上课，幼儿根本没有多少时间进行自主的区域活动和自主游戏活动，教师所能够观察到的也仅仅是幼儿在集体活动中的表现，并不能真正反映每个幼儿的发展和兴趣。只有教师减少对幼儿的控制，放手让幼儿作为独立的个体参与活动，观察儿童才真正具有意义。

(3) 科学合理的区域环境、材料以及空间、时间保障。 管理者不仅仅要转变理念，落实幼儿自主的区域活动还需要物质条件，比如空间、玩具材料、时间等方面的基本保障。否则，区域活动从何谈起？教师观察什么？

(4) 幼儿园合理的激励机制，并给予教师必要的培训和教研支持。 幼儿园在文化建设、制度确立、课程建设的过程中，应该营造积极向上、努力学习的氛围，打造一支不安于现状、踏实上进求发展的教师队伍。让老师们感觉到书写观察记录不是硬性规定的任务，而是自身可以获得专业发展和职业幸福感的路径，所以自觉自愿地去做。如果老师们在观察和观察记录撰写方面存在困难，幼儿园能够提供必须的培训和教研支持，帮助教师拓展专业知识，提升专业能力。

(5) 教师合理而有意义的文案工作量。 现阶段很多幼儿园要求老师们做的文案工作有些多，管理者需要组织老师们通过讨论的方式确定自己幼儿园必须要做的文案工作和有积极意义的文案工作，对于那些没有意义、可有可无的书写资料，管理者和老师们都可以明确地说"不"。超多的无意义的文案工作也是导致教师倦怠和压力的原因之一。

67.观察记录和学习故事有什么不同？为什么说观察记录也是一种评价方式？

我们幼儿园老师们专门参加过学习故事的培训，幼儿园要求老师们既要写观察记录，还要写学习故事，请问它们之间有区别吗？是否有必要都写？

学习故事（learning stories）是一套来自新西兰的儿童学习评价体系，由玛格丽特·卡尔（Margaret Carr）和她的新西兰同事提出，是新西兰儿童早期教育课程改革的产物。学习故事深受《新西兰早期教育课程框架：Te — Whariki》的影响，是采用叙事的方式对儿童学习的过程进行观察记录、评估，并提供指导和支持的一种形成性评价方式。

学习故事一般包含三部分：注意、识别、回应。注意就是教师能关注到幼儿在做什么，怎么做的，期待教师能基于对幼儿个体的全面了解，敏锐地捕捉体现幼儿个性化学习的"哇时刻"。识别就是教师运用专业知识去分析评判幼儿的发展和幼儿行为背后的有助于学习的心智倾向。回应就是教师基于儿童早期教育课程框架的需要反思和调整自身的教学实践，以支持幼儿的自我建构式的学习与发展。

通过以上阐述，可以看出观察记录和学习故事没有本质区别，学习故事也是支持幼儿进一步学习所进行的观察记录，观察记录也包括注意、识别、回应三个部分。

不过，新西兰的学习故事与我国幼儿园的观察记录也不完全一样，主要区别如下：

(1) 记录的内容不完全一样。学习故事主要记录幼儿自发的生活活动、游戏活动，我国观察记录的内容涵盖幼儿的生活活动、区域活动、游戏活动、教学活动等方方面面。我国的课程实践不同于新西兰，新西兰的课程主要是幼儿自发的活动，较少集体活动，极少有集体教学活动。所以，新西兰的学习故事主要记录幼儿自发的活动，而我国的观察记录既包括幼儿自发的活动，也包括教师组织的活动。

(2) 对于幼儿有典型意义的事件的选择不完全一致。新西兰的老师善于捕捉幼儿学习过程中的闪光点，学习故事主要记录的是"哇时刻"中幼儿的突出表现，让孩子的学习过程和学习价值看得见的故事。这与新西兰教师的儿童观有直接的关系，新西兰的教育传统中一致认可幼儿是有能力的、会沟通的学习者和贡献者，而不仅仅是需要关照、呵护的"幼苗"。所以，在新西兰幼儿园的一日生活中，教师会给予幼儿大量的时间自由探索、自由玩耍，并视之为重要的学习活动，教师会给予幼儿足够的欣赏、接纳和支持。"哇时刻"的记录既有助于教师的个别化引导；也有助于提升教师的教育价值感；同时有助于幼儿认识到自身的能力，增强现实存在感和价值感，帮助儿童构建作为积极主动学习者的自我认知。

我国幼儿园教师的观察记录既会关注幼儿学习和发展过程中的闪光点，也会冷静地看到幼儿发展中出现的问题，并对问题进行专业地分析，期待给予幼儿更切合实际的帮助和引领，以利于幼儿更健康地发展。

(3) 教师的角色意识不完全一样。学习故事中的新西兰教师一般扮演着支持者的角色，教师努力在物质和精神两个层面给予幼儿支持。即使教师给予幼儿引导，一般也比较隐性，幼儿在前，教师在后，而且教师给予的都是个别化的引导。在我国，《纲要》一直强调教师是幼儿学习的支持者、合作者、引导者 的角色，但在幼教实践层面中，很多幼儿教师还是习惯于引导者的角色，而对于支持者和合作者的角色认知模糊，也缺乏如何发挥支持与合作的角色行为策略。国内的幼儿教师在指导时通常也是面向全体的指导。

(4) 与课程的关系不完全一样。新西兰的学习故事与其课程紧密相连，课程标准是学习故事评价幼儿发展的依据，而学习故事又反过来助推课程标准在课程实践的顺利实施。在每个幼儿园，因为不存在集体教学活动，所以，教师书写的学习故事就是其课程实践的文本，体现了其个别化教学的实践模式。而我国的观察记录长期以来与课程的关系不紧密，更多地与教师处理个别儿童的行为问题关系密切。受新西兰学习故事和安吉自主游戏实践的影响的近十年，我们的观察记录也发生了重大的变化。因为越来越重视幼儿的自主自发的活动；越来越重视教师基于幼儿的发展特点、发展水平实施教育教学，所以，我们的观察记录与课程的关系也呈现出越来越紧密的关系。

(5) 记录者、阅读者不完全一样。新西兰的学习故事既有教师单独写的，也有教师与家长共同写的，而且教师、家长和幼儿都有机会读到学习故事。国内的观察记录的书写者主要就是幼儿园教师，阅读的人也主要是园内教师，检查评估期间会被相关领导审阅。

尽管观察记录和学习故事有不一样的地方，但没有本质上的区别，幼儿园老师们在撰写观察记录时可以参考和学习学习故事的理念和方法。幼儿园老师写观察记录也可以，写学习故事也可以，但没必要两种都写，因为是一回事儿。

为什么观察记录和学习故事都是一种评价方式？

学习故事是用叙事的形式对儿童学习和发展进行描述和评价的方式，也叫叙事性评价。叙事性评价试图通过连续描述儿童在真实情景中的行为来展示儿童的学习与发展状况以及学习与情景的多方面联系，它强调对儿童的学习与发展进行全面和整体的观察和评价 (Carr，2004)。

如此说来，学习故事是一套具有明确教育价值观引领的形成性儿童学习评价体系，强调教师应该从儿童的视角和专业的视角去观察和评价儿童的学习。

中国教师过去习惯的评价是结果性评价，比如中小学每个学期给学生的评语和期末考核成绩等。幼儿园虽然每学期不用考核，但有些幼儿园会结合某些幼儿发展指标对幼儿做一些测评，老师还会给每个幼儿写类似于评语的描述性评价。还有些课程建设做得不错的幼儿园，每个主题结束之后，都会对幼儿做些简单的测评，以评价和记录幼儿的发展。

2001 年颁布的《纲要》强调"评价应自然地伴随整个教育过程进行。综合采用观察、谈话、作品分析等多种方法。"伴随幼教改革的逐步深化，幼儿的自主学习、自主游戏、自主生活的价值越来越被幼教人认同。所以，观察幼儿, 并对幼儿的发展有专业的分析和评判对于支持和推动幼儿的发展至关重要。

伴随着我国幼儿园对幼儿自主活动的重视，以观察记录为主要表现方式的叙事性评价越来越引起幼教人的重视，因为这种叙事性评价更具有人性的温度；更具体地指向幼儿个体的行为过程；更具有推动幼儿发展的目标指向性。所以，观察既是记录幼儿发展历程的方法，也是对幼儿发展进行分析评价的方法。

68.如何对一个班级的区域活动作出恰当的评价？

我们幼儿园每学期都要对班级的区域活动进行评价，请问主要应该评价哪些内容？应该如何评价才算科学？

《纲要》第四部分强调"教育评价是幼儿园教育工作的重要组成部分，是了解教育工作的适宜性、有效性，调整和改进工作，促进每个幼儿发展，提高教育质量的必要手段"。评价是一种重要的反馈机制，既是对现今的活动作出分析评判的过程，也是对今后的发展做出反馈与指导的过程。

每个幼儿园区域活动逐步建构和完善的过程，也是伴随区域活动评价逐步调整的过程。"评价的过程，是教师运用专业知识审视教育实践，发现、分析、研究、解决问题的过程，也是其自我成长的重要途径"（《纲要》）。重视评价，也是重视教师运用专业知识分析研究自身工作现状的过程。要实现这一过程的目标，第一，需要教师具备足够的专业知识，尤其是幼儿发展的知识和幼儿教育的专业知识。第二，转变评价理念，重视儿童视角的评价，重视过程性评价，重视教师、家长、幼儿等人员的共同参与。第三，评价方式方法多元，尤其需要通过以观察和观察记录为主要方式进行的资料收集和发现、分析、研究的过程。第四，把评价与工作调整和完善结合起来，让评价最终落实为幼儿园环境的完善、课程的建设和幼儿的健康全面发展。

(1) 对班级区域环境评价的核心

很多幼儿园都会对班级的区域环境创设进行评比，即使没有这方面的评比，老师们也会经常面对这方面问题的分析与判断。比如，一个班级的区域环境到底怎样就算适宜？外出参观幼儿园时，应该学习别的幼儿园什么样的环境创设？……

对班级区域环境评价的核心主要有以下几点：

①空间布局与设施

● 能否根据幼儿发展需要、因地制宜进行区域空间的规划，兼顾游戏性区域与学习性区域的设置。

● 区域空间大小能否满足所有幼儿自由选择、自主活动的需要，并且能否根据每天幼儿的选择和活动状况进行动态调整。

● 区域之间是否有适宜的隔断设施，既能避免动静之间的相互干扰，也有利于彼此之间的交往互动。

● 玩具材料橱柜高矮和款式是否适宜，是否能根据幼儿的发展特点和玩具材料的特点进行设计，有助于幼儿自主取放。

● 区域的开放与封闭是否能与区域的功能、幼儿的活动需要相适宜。

②玩具材料的选择与投放

● 每个区域的玩具材料种类和数量是否足够丰富，能够满足全班幼儿同时活动时的自由选择。

● 每个区域的玩具材料是否既适合当下幼儿的兴趣和需要，又有助于支持和推动幼儿今后的发展。

● 能否有序地、有层次地投放玩具材料，能否追随幼儿的发展和学习的进程不断调整玩具材料。

● 投放的玩具材料是否具有较强的可操作性、变化性、趣味性和教育价值，能够引发幼儿主动而有意义的探究活动和游戏活动。

● 玩具材料的摆放是否整齐、有序，并有恰当的标识，能指引幼儿自主地收整。

(2) 对教师观察与指导评价的核心

区域活动中的教师，既是环境的规划者、创设者，也是幼儿活动时的观察者、指导者和合作者，教师只有对自己的角色有清晰的定位，才能在活动中不慌乱、不迷茫、不乱指导。作为幼儿园的管理者，经常要进班观察和指导教师的工作，其中一项重要工作就是对班级教师在区域活动过程中的观察与指导进行分析与评判，并给予专业的反馈意见和引导。作为幼儿园教师，也经常会进行同行之间的观摩与评价，所以，也需要把握正确的评价理念评价方法和评价指标。

针对班级教师观察与指导，区域活动评价的核心主要有以下几点：

① 对区域活动的观察

● 教师是否具有观察的意识，能够在幼儿区域活动时，自觉地进入观察状态。

● 教师的观察是否会有计划、有目的地进行，观察计划是否能与自己保教工作质量的提升相联系。

● 教师观察时选择的方法能否与目标相对应，方法是否有效。

● 教师能否进行客观的观察，并做详细的记录。

● 观察之后教师能否对观察记录的资料进行及时的分析，充分体现一个幼儿教师的专业高度和敬业态度。

● 教师观察时能否做到尽量不干扰幼儿的自主活动。

② 对区域活动的指导

● 教师的指导是否是基于对幼儿活动的客观、细致的观察，不盲目、不独断。

● 教师的指导时机是否适宜，既不妨碍幼儿的自主活动，又不错失良好的教育契机。

● 教师指导的方式方法是否适宜，既吻合区域活动的性质，又符合不同幼儿的个性特点和发展水平；既有助于幼儿获得知识经验的拓展，又有助于幼儿在自主性、独立性、创造性等方面能力的发展；既引导幼儿解决当下的问题，又有助于幼儿的长远发展。

● 教师的指导能否与幼儿的自主探究、自主游戏相得益彰，而不是压制了幼儿的自主性发挥。

③ 对幼儿评价的核心

区域活动的核心主体是幼儿，区域环境是否适宜，区域活动是否有效都可以通过幼儿的表现和发展状况体现出来的，所以，对于区域活动中的幼儿的评价至关重要。

对幼儿评价的核心主要有以下几点：

① **幼儿的自主性、兴趣**

- 幼儿是否具备独立选择区域、自主地开展活动的意识和能力。
- 幼儿是否对自己选择的区域活动感兴趣，兴致勃勃地投入活动。
- 幼儿是否能专注于自己选择的区域活动，并持续一定的时间长度。
- 幼儿是否能有目的地开展活动，有始有终。

② **幼儿的操作和探究水平（学习性区域活动）**

- 幼儿选择的操作材料的难易程度如何。
- 幼儿是否能掌握操作的要领和方法。
- 幼儿是否能专注、反复进行操作和探究。
- 幼儿遇到困难和挑战时是否能尝试独立解决。
- 幼儿是否具有解决问题的多种应对策略。
- 幼儿是否能创造性地运用工具和材料。
- 幼儿活动结束时的作品是否完整、复杂、具有创意。

③ **幼儿的游戏水平（游戏性区域活动）**

- 幼儿是否能自主地选择游戏主题，游戏主题鲜明、突出、有意义、有新意。
- 幼儿是否能自主结成游戏小组，分配游戏角色。
- 幼儿是否能逐步开拓游戏内容，并具有丰富的游戏情节。
- 幼儿是否能创造性使用游戏材料。
- 幼儿是否能独立解决游戏过程中遇到的问题和冲突。
- 游戏结束时的作品是否完整、复杂、具有创意。

④ **幼儿的社会性交往与合作**

- 幼儿是否能主动寻找同伴，并结成游戏小组。
- 幼儿是否能认真倾听同伴的意见，并善于表达自己的观点。
- 幼儿是否具有解决同伴冲突的策略。
- 幼儿之间合作游戏的人数。

● 幼儿是否能有意识谦让或关照较弱的幼儿。

⑤ **幼儿的规则意识和遵守规则的能力**

● 幼儿是否明晰游戏规则，并具有是非判断的能力。

● 幼儿是否能自觉地遵守游戏规则。

● 幼儿对于他人违犯规则时的反应。

● 幼儿是否能在活动过程中根据需要自制某些活动规则。

⑥ **收整玩具材料**

● 幼儿是否具有收整玩具的自觉意识，不玩的时候，随时收整好。

● 幼儿是否能整齐、有序地收整好玩具材料。

● 幼儿是否愿意帮助能力较弱的幼儿收整玩具材料。